SOY INTROVERTIDO ¿Y QUÉ? UNA EXPLICACIÓN CIENTÍFICA DE LA MENTE INTROVERTIDA

QUÉ NOS MOTIVA GENÉTICA, FÍSICA Y CONDUCTUALMENTE. CÓMO TENER ÉXITO Y PROSPERAR EN UN MUNDO DE EXTROVERTIDOS.

STEVE ALLEN

Edición 1.0 – Enero, 2018

Publicado por Steve Allen

ISBN: 978-1981999347

Descubra otros títulos del autor en www.amazon.com/author/pnl

Imagen de la portada utilizada con licencia Depositphotos™

ÍNDICE

INTRODUCCIÓN

¿Has notado que necesitas más tiempo a solas en comparación a tus amigos extrovertidos? ¿Te sientes incómodo o agotado por las multitudes y las actividades sociales? ¿Hablas despacio y usas economía de palabras?

Bueno, déjame decirte que un tercio de las personas en este gran y hermoso mundo son como tú. Es loco, ¿Verdad? Todo este tiempo pensaste que eras el único. Pensaste que tus necesidades y deseos innatos eran incorrectos de alguna manera. Pensaste que había algo malo contigo y que necesitabas arreglarte. Quizás otras personas trataron de arreglarlo. Bueno, estaban equivocados. La verdad es que no hay nada malo contigo.

Es duro ser un introvertido en un mundo extrovertido. Lo sé, porque yo también lo soy. Sin embargo, también puede ser una enorme ventaja. Todo depende del prisma con que se mire.

Debido a que los introvertidos tendemos a preferir la tranquilidad, el pensamiento profundo, la soledad y alejarnos de las situaciones sociales, podemos parecer sospechosos y distantes para el observador ocasional extrovertido. Esto ha llevado a que muchos introvertidos sean incomprendidos y mal juzgados. Afortunadamente, investigaciones recientes han arrojado luz sobre la introversión mal entendida.

Las investigaciones han revelado que hay verdaderas diferencias físicas y biológicas entre introvertidos y extrovertidos que pueden explicar las diferencias en su comportamiento. También se ha puesto de manifiesto que los introvertidos tienen cualidades que son tan valiosas como las de los extrovertidos, y que los pueden ayudar a prosperar, incluso en un mundo extrovertido.

Una persona introvertida es una persona que *"gira hacia su interior"* para buscar sus fuentes de energía en vez de buscar en fuentes externas. ¿Qué podría ser más poderoso que la capacidad de recargar tu energía desde dentro?

Tengo una doble intención al escribir este libro. Primero, quiero deconstruir la definición estereotipada tradicional de los introvertidos explorando las causas físicas y químicas que dan forma a su personalidad. En segundo lugar, quiero ayudar a los introvertidos a implementar y a utilizar sus dones autónomos únicos con el fin de superar sus miedos y de lograr sus objetivos personales y profesionales.

Este es tu momento. Este es el momento para que dejes de intentar adaptarte al ideal extrovertido y comiences a vivir la vida en tus propios términos. No hay nada malo contigo.

Este es un breve libro que condensa décadas de investigación psicológica sobre lo que nos hace funcionar. Únete a mí en este revelador viaje en el que redefiniremos tu potencial y liberaremos el poder que tienes en tu interior.

Capítulo 1
PERMÍTEME PRESENTARME

Soy James y soy introvertido. Solía avergonzarme de admitirlo porque pensaba que la gente supondría que de alguna manera soy deficiente. Ahora llevo orgullosamente mi introversión, incluso en los eventos sociales. No me malinterpretes, todavía encuentro que cualquier evento social con más de 4 personas es abrumador y agotador, pero me di cuenta de que debajo de todas las capas de pequeñas charlas aburridas, la socialización controlada puede ser un verdadero tesoro para los introvertidos.

Soy un idealista soñador, y este rasgo de personalidad, tan romántico como podría parecer, solía ser mi mayor dificultad. Rápidamente me desilusionaba con toda pequeña charla sin sentido. Yo quería algo real.

Intentar tener una conversación real en una fiesta llena de personas es como intentar encender un fuego bajo la lluvia. Puedes hacerlo, pero probablemente requerirá mucho esfuerzo, y quién sabe si la conexión durará más de unos pocos minutos.

En el pasado, me obligaba a ir a las fiestas programadas por la empresa para la que trabajaba porque pensaba que era parte de la descripción de mi trabajo. *Ve a la fiesta. Fuerza una sonrisa. Habla con las personas. Intenta no pasar el rato junto a la mesa de la comida toda la noche ni devorar nerviosamente un plato entero de patatas fritas. Simula que te estás divirtiendo, aunque prefieras estar en casa leyendo un libro.*

Las instrucciones eran muy claras y, sin embargo, siempre parecía estropearlas. Llegaba, pero me iba temprano. Mi sonrisa parecía más estreñida que sincera. Mis dedos inquietos siempre llegaban a la bandeja de la comida y mi casa constantemente me llamaba. Finalmente, cuando aceptaba el llamado de volver a casa, generalmente me sentía más vacío que cuando llegué. *¿No se supone que una fiesta te llena y te hace sentir completo?* Lamentablemente, las fiestas no son tan satisfactorias como se ven en los anuncios de cerveza... o al menos, eso es lo que pensé.

Capítulo 2
DE QUÉ TRATA ESTE LIBRO

E scribí este libro para ser leído por introvertidos, pero te aseguro que podrás beneficiarte de su lectura tanto si eres introvertido como si eres extrovertido.

En los primeros capítulos exploraremos el fascinante mundo interior de los introvertidos. Exploraremos cómo ven el mundo, su historia y los muchos modelos psicológicos de la personalidad existentes, de los cuales la introversión es una dimensión. Luego exploraremos la fascinante ciencia detrás de los introvertidos para averiguar lo que los motiva genética, física y conductualmente.

Posteriormente, hablaremos sobre la felicidad y la posibilidad de modificar el comportamiento desde introvertido a extrovertido. Luego veremos las cualidades únicas de los introvertidos y cómo pueden sus rasgos únicos ayudarlos a tener éxito.

Luego veremos consejos prácticos para optimizar tu energía introvertida y un plan de supervivencia social desarrollado para atravesar, e incluso disfrutar, los eventos sociales más temidos y lo mejor de todo es que no tendrás que *"curar"* tu introversión.

Con la lectura de este libro lograrás una comprensión social y científica de lo que realmente es la introversión y daremos respuestas a las siguientes cuestiones:

- ¿Quiénes son los introvertidos y qué sienten?
- ¿Cuáles son las principales teorías psicológicas detrás de este rasgo de personalidad?
- ¿Qué dice la ciencia sobre la introversión?
- ¿Los cerebros introvertidos son químicamente distintos a los cerebros extrovertidos?
- ¿Los introvertidos son genéticamente distintos a los extrovertidos?
- ¿Cómo pueden los introvertidos tener éxito en una sociedad extrovertida?

Si ya has leído alguno de mis otros libros, sabrás que me esfuerzo deliberadamente para escribir ideas concretas y aplicables, por lo que mi intención es mantener el libro lo más breve y condensado posible para que lo puedas leer sólo en unas pocas horas, o incluso de una sola vez. Por lo tanto, te anticipo que no encontrarás contenido de *"relleno"* sin aplicación directa para lograr un cambio positivo en tu actitud. Bueno, sin más preámbulos, comencemos.

Capítulo 3

LO QUE SE SIENTE SER UN INTROVERTIDO

"No pienses en la introversión como algo que necesita ser curado... Pasa tu tiempo libre de la manera que te plazca, no de la forma en que crees que debes hacerlo." - Susan Cain

Mucha gente nunca entenderá lo que se siente ser introvertido. Pueden tener algunas ideas sobre lo que se siente, pero nunca lo entenderán de verdad. Tal vez crean que ser introvertido se siente como tristeza, soledad o miedo. O crean que la introversión es lo mismo que timidez, por lo que creen que todos los introvertidos deben sentirse nerviosos y atemorizados. Nunca sabrán la verdad.

Algunas personas nunca entenderán que los introvertidos sentimos algo que un extrovertido nunca experimentará. Este sentimiento es difícil de explicar, pero haré mi mejor intento.

Hace unos días, mientras miraba la televisión, alguien habló sobre un sueño aterrador y recurrente que solía tener cuando era pequeño. Esta persona soñaba que estaba caminando por una calle y los edificios comenzaron a caer sobre él, aplastando su pequeño cuerpo. Dijo que era una sensación horrible. Estas grandes estructuras imponentes caían sobre él y no había nada que pudiera hacer. Ser introvertido en un mundo extrovertido se siente así.

Somos pequeños en un mundo en construcción. Solo queremos salir a caminar y generalmente somos aplastados por la sobre estimulación. A menudo nos sentimos abrumados por nuestro entorno.

Los *"edificios"* que amenazan con aplastarnos son las actividades cotidianas como las actividades grupales, la música alta y las multitudes. Algunas personas nunca entenderán cómo se siente estar tan agotado por un gran evento social, al punto que después se necesiten días para recuperarse. O tan agotado por la contaminación acústica que no puedas pensar. O tan agotado por una conversación que quieras correr y esconderte.

El desbordamiento que los introvertidos pueden sentir a diario es solo un concepto abstracto para la mayoría de las personas. Quizás hayan oído hablar de eso, pero eso no significa que sepan cómo se siente. Por supuesto, el agotamiento social no es lo único que los introvertidos sentimos. También existe una enorme ventaja al ser un introvertido en un mundo extrovertido y te la revelaré a continuación.

Las alegrías secretas de la introversión

Cuando estamos en nuestro elemento, los introvertidos tenemos acceso a un mundo secreto de sabiduría y belleza. Es como si tuviéramos una de esas tarjetas de miembro dorado que te da acceso a los salones más elegantes de los aeropuertos. Algunas almas pobres nunca experimentarán los tesoros que los introvertidos hemos disfrutado desde la infancia. Nunca entenderán la alegría que se siente al estar solo en casa. Simplemente no entenderán lo increíble que se siente pasar horas en nuestra propia compañía y nunca aburrirse. O la euforia absoluta de comprometer todo nuestro enfoque y energía mental en una tarea. La obsesión de la mente es más emocionante que cualquier montaña rusa en la que haya estado.

Es cierto que muchas personas nunca entenderán lo que se siente ser introvertido y nuestra tendencia a abrumarnos simplemente no tendrá sentido para ellos. Probablemente tampoco comprenderán las alegrías de nuestro mundo secreto, y está bien, porque las tarjetas de miembro dorado no son para todos. Eso es lo que nos hace especiales.

Capítulo 4

LOS INTROVERTIDOS AL DESCUBIERTO

Siempre me etiquetaron como introvertido. Solía ir directamente a casa después de la escuela en vez de quedarme a socializar con mis amigos. Pasaba los fines de semana solo en mi habitación, desarmando juguetes o simplemente viendo la televisión. No fue porque no tuviera amigos con quienes pasar el rato. Solo prefería pasar tiempo de calidad después de un largo día de estar cerca de otras personas.

Debido a esto, he escuchado la palabra *"introvertido"* para describirme un millón de veces. Pero déjame preguntarte esto: ¿Qué es realmente un introvertido? Antes de dar la respuesta, te presentaré algunos antecedentes sobre el tema.

La introversión es uno de los principales rasgos de personalidad estudiados en muchas teorías psicológicas. La palabra introversión se usó por primera vez, junto con la palabra extroversión, durante la década de 1920 cuando el reconocido psicólogo suizo Carl Jung publicó su trabajo *"Psychologische Typen"*, o tipos psicológicos.

Hoy, la tipología introvertido-extrovertido es aún más importante y relevante. Según Jung, la introversión es un modo psicológico en el que un individuo considera que su realidad interna es de suma importancia. Esto significa que los introvertidos tienden a enfocarse más hacia adentro y a menudo se retiran del mundo exterior para poder enfocar su energía hacia su interior. La extroversión, por otro lado, empuja a las personas a ser más expresivas y a depender de fuentes externas (personas, circunstancias y entorno) para la estimulación.

Por lo tanto, básicamente las diferencias entre los dos tipos de personalidad se reducen a cómo estos individuos asignan su energía, es decir, mientras que los extrovertidos encuentran energizante las interacciones sociales, los introvertidos encuentran que esta actividad los agota, por lo que la evitan tanto como les sea posible. Los introvertidos son personas que tienden a estar más centradas en sus pensamientos y emociones internas en lugar de estar absortos tratando de encontrar estimulación en el entorno externo. Normalmente se guardan las cosas para sí mismos y están a la defensiva respecto a las demandas del mundo exterior. ¿Te sientes identificado?

Cómo experimentan el mundo

"Raramente me aburro solo. A menudo me aburro en grupos y multitudes." - Laurie Helgoe

Hay una serie de rasgos que poseen los introvertidos que pueden distinguirlos. Como ya hemos dicho, a los introvertidos no les disgusta estar solos, de hecho, a menudo lo prefieren, pero no es porque odien a las personas. Simplemente es porque se agotan fácilmente con la interacción social. Se sienten cómodos pasando el tiempo solos y lo ven como un respiro del ruidoso mundo exterior, aunque muchas personas encuentran que este rasgo es indeseable porque la sociedad occidental tiene muy internalizado el ideal extrovertido.

Para una mejor comprensión, es mejor pensar en la introversión y la extroversión como una batería social imaginaria. Para los introvertidos, su batería se agota rápidamente cuando están en un entorno que exige mucha interacción. Su batería social recupera poder únicamente cuando pasan el tiempo adecuado sin la compañía de otros, en los confines de su espacio privado, realizando actividades que no requieren contacto con el mundo exterior. Por ejemplo, un introvertido que pasó toda la noche en una reunión social tiene más probabilidades de aislarse de las personas al día siguiente. Esta persona no puede manejar tantas interacciones, por lo que debe retirarse a la comodidad de la soledad. A veces les lleva horas o incluso días recuperarse y prepararse para otra aventura social, dependiendo de cuán introvertidos sean. Un introvertido puede entretenerse fácilmente leyendo un libro, viendo una película o matando el tiempo con juegos de un solo jugador.

Es posible que adivines que la batería social del extrovertido funciona exactamente de la manera opuesta, cargándose en presencia de otros y agotándose cuando pasa el tiempo a solas.

Los introvertidos también encuentran que las charlas pequeñas y superficiales son una pérdida de tiempo y de energía. Agotan su batería social más rápido que cualquier otra actividad, ya que parecen ser en vano. Debido a esto, los introvertidos son más propensos a participar en conversaciones profundas y significativas. Si van a gastar su preciosa energía social, debe ser en algo significativo o íntimo.

A los introvertidos no necesariamente les desagradan las fiestas, reuniones familiares y salir de noche con amigos, aunque participar en estos eventos sea una verdadera tarea para ellos. A veces necesitan mucha convicción para decir que sí, y les puede resultar difícil reunir la energía necesaria para socializar en días en que lo único que quieren es relajarse en el sillón. El compromiso real suele ser agotador. Para ellos, una noche ideal de fin de semana es algo tan simple como quedarse en casa, disfrutar de un maratón de películas y comer palomitas de maíz.

En lugar de salir de juergas, las personas introvertidas prefieren una cena en casa con un pequeño grupo de amigos. Por lo general no les desagrada la gente, y si estás interactuando con alguien que parece ser antisocial o inaccesible, es posible que sea únicamente un introvertido con su batería social completamente agotada en ese momento.

Para un introvertido, una actividad social ideal es aquélla en la que existe una agenda y un tiempo de finalización establecido. Se sienten más cómodos cuando están familiarizados con cómo funciona el programa y cuándo terminará, porque de esa manera pueden controlar su propio ritmo y sus baterías sociales.

Es importante que los amigos de los introvertidos adquieran una comprensión de su naturaleza para que no se tomen las cosas de forma personal cuando rechacen sus intentos de socialización. Pueden parecer tímidos, un poco escépticos y a veces pueden tener dificultades para adaptarse a lugares nuevos, pero nada de esto significa que están teniendo dificultades o angustia. Simplemente están preocupados por administrar su batería social, y mientras más experimentan nuevas situaciones, su batería más se agota.

Como veremos más adelante, todo este comportamiento se debe a la forma en que están conectados sus cerebros.

No te confundas

La introversión no es tan obvia como pudieras creer. Algunas personas ni siquiera se dan cuenta de que son introvertidas hasta que alguien señala su aversión a los grandes grupos o la tendencia a abandonar los eventos sociales antes de tiempo. A pesar del intenso uso de la palabra introvertido en la actualidad, aún hay algunos conceptos erróneos sobre este tipo de personalidad.

Los introvertidos son categorizados automáticamente como personas tímidas y ansiosas. También pueden ser vistos como groseros o inabordables. Este estereotipo puede ser comprensible, ya que no se puede negar que muchas personas introvertidas poseen estos rasgos. Sin embargo, no es cierto que todos los introvertidos son personas nerviosas y antisociales. No todos son tímidos y callados. La timidez y la ansiedad pueden ser características que acompañan la introversión, pero no la definen. En su punto álgido social, un introvertido es indistinguible de un extrovertido y es lo que hacen cuando están agotados lo que los diferencia.

¿Qué deseas hacer cuando estás cansado? ¿Quieres pasar tiempo con amigos, o encerrarte en una habitación?

Comprender la respuesta a esta respuesta es esencial para llegar a ser socialmente conscientes. Los introvertidos se clasifican como aquellos cuyas baterías sociales se agotan al pasar tiempo con otras personas, mientras que los extrovertidos obtienen energía al estar en presencia de otros.

El espectro de introversión-extroversión

La verdad es que, si bien nos podemos identificar como introvertido o extrovertido, es más exacto decir que la mayoría de nosotros caemos en algún punto intermedio. Es posible que tengamos más tendencia hacia la introversión o extroversión, pero nadie es puramente lo uno o lo otro. De hecho, existe incluso una tercera dimensión llamada *"ambiversión"*, que cae cerca del punto medio del espectro y representa a quienes se sienten cómodos y energizados con las situaciones sociales, pero siguen necesitando de tiempo a solas.

Por lo tanto, aunque podamos identificarnos más como introvertidos o extrovertidos, el concepto de la personalidad es mucho más dúctil de lo que podríamos pensar.

Hans Eysenck acuñó por primera vez el término ambivertido para definir a una persona que manifiesta las características tanto de un introvertido como de un extrovertido. Están en el centro, aunque es imposible definir el centro exacto entre un tipo de personalidad y el otro. Para reiterar, un introvertido es una persona que obtiene su energía principalmente desde su interior. Para el introvertido, el mundo real es un mundo interno de ideas, pensamientos y percepciones generadas por sus propias mentes. Por otro lado, un extrovertido es aquel que obtiene energía del mundo exterior, de otras personas y de cosas que existen en su entorno. A partir de la interacción con los elementos del mundo exterior, el extrovertido dibuja sus pensamientos, actitudes mentales y acciones. El ambivertido es una representación del término medio entre un introvertido puro y un extrovertido puro.

El profesor Jonathan Alexander afirma: *"Todos tenemos un poco de introvertido y un poco extrovertido, sin importar qué personalidad mostremos más."* Aunque los introvertidos pueden preferir más soledad, hay situaciones en las que se pondrán a la altura de las circunstancias y actuarán fuera de su carácter y zona de confort. La gente tiene toques de estilo introvertido y estilo extrovertido dependiendo de lo que suceda en sus vidas. Su batería social, la tolerancia hacia las personas y el interés en los demás depende en gran medida del contexto (en el trabajo, por ejemplo) o de sus sentimientos y estado de ánimo general. Nadie es exactamente igual todos los días.

El verdadero ambivertido puede operar cómodamente en cualquier lado del espectro introvertido/extrovertido. El mundo no es blanco y negro ni está formado únicamente por ermitaños y almas de las fiestas. En realidad, la mayoría de los introvertidos se pondrían bastante ansiosos si estuvieran aislados por largos períodos, y del mismo modo, la mayoría de los extrovertidos sentirían que su nivel de ansiedad aumenta si tuvieran que asistir a un evento social tras otro sin disfrutar de un tiempo para sí mismos. Casi el 99% de la población puede funcionar como introvertida o extrovertida, según las circunstancias que surjan.

Si te encasillas en ser introvertido y te consideras siempre como tal, esto puede convertirse en una profecía auto cumplida. Puedes limitarte a una vida de aislamiento y vivir esencialmente dentro de ti, eliminar la conexión con las personas e intentar confiar solo en ti mismo. Lo peor de este enfoque es que limitarás tu enorme potencial.

Por otro lado, si determinas que eres exclusivamente extrovertido, puedes restringirte y no abrir tu mente a las posibilidades de desarrollo intelectual que te pueden hacer avanzar en tu carrera. Esencialmente, puedes encontrarte distraído y atrapado en el momento en lugar de planificar y participar en períodos de trabajo profundo.

Tener una combinación de rasgos introvertidos y extrovertidos nos hace más capaces y adaptables en todo lo que queremos hacer. Sin aventureros, no exploraríamos el mundo. Sin escritores, nuestras mentes no serían iluminadas. Esta alegre variedad hace que valga la pena vivir y te permite vivirla al máximo. También produce desafíos que nos ayudan a crecer y alcanzar todo nuestro potencial.

El 99% de las personas son ambivalentes. Sin embargo, hay excepciones y ocasionalmente el 1% de la población parece ser gente extraña e inquietante. Aunque una persona sea predominantemente introvertida, esperamos al menos algún comportamiento extrovertido, de lo contrario sentimos que estamos hablando con un robot. Del mismo modo, de una persona que es predominantemente extrovertida, ocasionalmente esperamos silencio y comportamientos tranquilos, de lo contrario sentimos que estamos hablando con alguien que más tarde ni siquiera recordará nuestro nombre.

En otras palabras, la escala tradicional introvertido/extrovertido es una falsa dicotomía. La gente puede inclinarse de una manera u otra, pero lo que realmente significa es que están en el medio de alguna parte. Recuerda, todo es un espectro, y todos somos diferentes en eso. Lamentablemente, algunos de nosotros hemos internalizado nuestras etiquetas de introvertidos o extrovertidos, y esto usualmente nos causa más daño que beneficio. Seguir obstinadamente una etiqueta o un lado del espectro es negar la verdadera complejidad de nuestra naturaleza humana.

En definitiva, la vida se trata de moderación y equilibrio. Todos somos capaces de mostrar una amplia gama de emociones. Nos desilusionaríamos rápidamente si nuestras vidas estuvieran siempre dedicadas a cavilar con amigos, o aisladas en la soledad de nuestras habitaciones. La vida nos llama tanto a la acción como al pensamiento. Una banda que solo toca una nota no merece ningún aplauso.

A continuación, veremos un pequeño capitulo con la historia de la teoría psicológica sobre la introversión. Te recomiendo que lo leas rápidamente, ya que más adelante haremos referencia a algunos conceptos, aunque si deseas saltarlo puedes hacerlo y volver a leerlo más tarde si necesitas aclarar algún concepto.

Capítulo 5

BREVE HISTORIA DE LA TEORÍA PSICOLÓGICA DE LA INTROVERSIÓN

A pesar de que este no es un libro técnico, es interesante conocer el contexto histórico de la introversión. Puedes saltar este capítulo sin riesgo de perder algo fundamental, pero con una simple lectura rápida estoy seguro de que ganarás mucha comprensión del status quo del estudio de la personalidad. En este capítulo veremos un breve resumen de los intentos por identificar y categorizar la introversión.

La introversión (como palabra) en realidad tiene una larga historia que se remonta a la década de 1660 y como concepto psicológico ha existido desde principios del siglo XX. Los antiguos griegos pudieron haber sido los primeros en tratar de clasificar a las personas por su personalidad, pero el concepto psicológico de la introversión surgió con Carl Jung.

Los antiguos griegos

Teofrasto

Fue un filósofo griego y estudiante de Platón y Aristóteles que vivió desde el año 371a.C al 287a.C. Posiblemente fue el primer hombre en tratar de catalogar a las personas de acuerdo a su personalidad. Aunque tuvo muchos intereses (también es conocido por ser el *"padre de la botánica"*), dejó su marca en el estudio de la personalidad escribiendo su libro *"Personalidad"*, que incluía la descripción de 30 *"Tipos morales."*

Hipócrates y Galeno

Hipócrates es considerado el padre de la medicina y es el creador del juramento hipocrático que los médicos todavía mantienen al día de hoy. Vivió desde el año 460a.C al 370a.C. Su sucesor, Galeno, vivió desde el año 129d.C al 200d.C. Ambos hombres creían que había cuatro *"humores"* o temperamentos: colérico, sanguíneo, melancólico y flemático. Los temperamentos colérico y sanguíneo eran más excitables. Los temperamentos melancólico y flemático estaban más cerca de lo que hoy consideramos introvertidos. Hipócrates y Galeno también creían que estos temperamentos eran causados o influenciados por los fluidos corporales de la persona.

Aunque no hacen una descripción precisa, pueden haber sido los primeros en intentar explorar una explicación biológica de las diferencias de personalidad. Sin embargo, no fue sino hasta 2.000 años más tarde que la ciencia introduciría la introversión como un rasgo de la personalidad.

El concepto de Carl Jung

Como ya mencionamos, si bien la introversión siempre ha existido como una dimensión de la personalidad, el término *"introversión"* solo comenzó a ser utilizado cuando el psicólogo Carl Jung lo acuñó en la década de 1920. Jung, el padre de la psicología analítica, fue el primer psicólogo moderno en estudiar y avanzar en la dicotomía de los tipos de personalidad introvertida y extrovertida.

Indicador Myers-Briggs

Los conceptos de introversión y extroversión de Carl Jung con el tiempo se convirtieron en la base para el test de personalidad con el que muchos hemos sido evaluados cuando buscamos trabajo: El indicador de tipo Myers-Briggs (MBTI por sus siglas en inglés).

Katherine Briggs y su hija, Isabel Briggs Meyers, construyeron el MBTI para ayudar a las personas a determinar dónde caían dentro de cuatro funciones cognitivas, incluyendo la introversión-extroversión.

De acuerdo a la página web de la fundación Myers-Briggs, la definición de la introversión-extroversión está basada en el *"mundo favorito"* de la persona: *"Mundo favorito: ¿Prefiere centrarse en el mundo exterior o en su propio mundo interior? Esto se llama Extroversión (E) o Introversión (I)."*

Aunque el modelo Myers-Briggs aún se utiliza para fines académicos y de negocios, ha sido reemplazado paulatinamente por otros modelos considerados más exactos.

Gordon Allport

El Psicólogo estadounidense Gordon Allport intentó catalogar la personalidad humana mediante la adopción de todos los adjetivos en el diccionario que se podrían aplicar a la personalidad y clasificarla sistemáticamente. Esto lo llevó a terminar con una lista de 4.500 rasgos que organizó en rasgos cardinales, rasgos centrales y rasgos secundarios. Aunque que su lista de 4.500 rasgos era demasiado engorrosa para ser útil, esta inspiró a otros psicólogos a reducirla a una comprensión más elegante y simplificada de la personalidad humana.

Hipótesis de la estimulación de Hans Eysenck y el modelo de tres factores

El psicólogo de origen alemán Hans Eysenck ha contribuido en gran medida al progreso de la comprensión psicológica de la personalidad. En su libro publicado en 1967 titulado *"Dimensiones de la personalidad"*, describió que la personalidad contiene dos dimensiones: la extroversión y el neuroticismo (tendencia a experimentar sentimientos negativos). Posteriormente, en los años 70, Eysenck añadió una tercera dimensión a su modelo: el psicoticismo (vulnerabilidad a conductas impulsivas, agresivas o de baja empatía.).

De acuerdo con su modelo de tres factores, cualquier individuo puede anotar alto o bajo en cualquier dimensión dada. Por ejemplo, uno podría ser bajo en extroversión (en otras palabras, ser un introvertido), alto en neuroticismo y bajo en psicoticismo.

Además de proponer las tres dimensiones, también intentó explicar por qué algunas personas tenían ciertas personalidades. Al explicar la introversión-extroversión,

Eysenck sugiere que las personas son más o menos extrovertidas debido a la excitación cortical en el cerebro. Afirmó que *"los introvertidos se caracterizan por tener mayores niveles de actividad cortical que los extrovertidos."* Debido a los niveles más altos de excitación en los cerebros introvertidos, concluyó que los introvertidos buscan menos estimulación, menos interacción social, menos actividad, más soledad y más tranquilidad.

Este fue uno de los primeros intentos de explicar la causa de la personalidad desde un punto de vista biológico y dio a los científicos una teoría que se podría medir y poner a prueba a través de experimentos controlados. En capítulos posteriores veremos los resultados de los estudios que se realizaron para comprobar esta teoría.

El modelo "Big Five"

También conocido como el modelo de los *"grandes cinco."* Aunque los conceptos detrás de este modelo evolucionaron constantemente a partir de los años 30, la aplicación del modelo de personalidad *"Big Five"* se extendió al inicio de los años 80. Este modelo se basa en la idea de que hay cinco dimensiones de la personalidad:

- Apertura a la experiencia
- Escrupulosidad
- Extroversión
- Cordialidad
- Neuroticismo

Podrás notar que dos de las dimensiones de este modelo (extroversión y neuroticismo) fueron tomados a partir del modelo de tres factores de Hans Eysenck. Al igual que con el modelo de Eysenck, un individuo podría marcar una puntuación alta o baja en cualquiera de los 5 grandes rasgos de la personalidad, y la puntuación para cada característica es independiente respecto a las puntuaciones de los otros rasgos.

Las 6 Facetas de la introversión (Prueba de personalidad NEO-PI-R)

La aceptación del modelo de personalidad Big Five en la década de 1980 condujo al desarrollo del inventario de personalidad llamado *"NEO Five-Factor"*, creado en 1985 por Paul Costa y Robert McCrae. Originalmente, Costa y McCrae comenzaron a investigar sólo los factores neuroticismo (N), extroversión (E), y apertura a la experiencia ("O" por las siglas para *"Open"*). A esto lo llamaron *"Neuroticism-Extraversion-Openness Inventory"* (NEO-I).

Este inventario se amplió para incluir dos factores adicionales: Amabilidad (Agreeableness) y responsabilidad (Conscienciousness). En 1985 crearon la prueba de personalidad de cinco factores conocida como *"NEO Personality Inventory"* (NEO PI). Posteriormente este modelo fue refinado y renombrado a NEO-PI-R, por las siglas en inglés de *"NEO Personality Inventory Revised."*

En un intento de perfeccionar el modelo, Costa y McCrae revisaron las pruebas NEO y mejoraron el modelo incluyendo 6 facetas dentro de cada uno de los 5 grandes rasgos de personalidad. Las 6 facetas de introversión/extroversión son las siguientes.

Cordialidad: Esta faceta mide la facilidad o dificultad de conocer a alguien, y si las personas se sienten a gusto con la gente que no conocen. Las personas que puntúan alto en la introversión tienden a tener dificultades para conocer a alguien inicialmente, pero pueden sentirse bastante cómodas cuando ya la conocen.

Gregarismo: Esta faceta mide la capacidad y el entusiasmo por estar en situaciones sociales, incluyendo estar con otras personas y conocer gente nueva. Las personas que puntúan alto en la introversión tienden a preferir la soledad o tranquilidad, y se sienten incómodos en grandes multitudes.

Asertividad: Esta faceta mide la capacidad de expresarse para asegurarse de que se cumplen sus necesidades. Las personas que puntúan alto en la introversión tienden a no hablar acerca de sus propias necesidades, y esperarán pacientemente a que otros los ayuden primero.

Actividad: Esta faceta mide el deseo y la inclinación de la persona para elegir un estilo de vida de ritmo rápido. No es sorprendente que los introvertidos tiendan a preferir un estilo de vida más relajado y menos activos, ya que tienden a reaccionar más lentamente a los eventos.

Búsqueda de emoción: Esta faceta mide la necesidad de ser estimulado y tomar riesgos. Las personas que puntúan alto en la introversión tienden a evitar la emoción y el comportamiento riesgoso, prefiriendo la seguridad y la rutina tranquila.

Emoción positiva: Esta faceta mide la facilidad o dificultad de expresar la felicidad o la alegría. Curiosamente, esta faceta no mide si uno es realmente feliz, sino más bien, si se expresa exteriormente. Las personas que puntúan alto en la introversión pueden ser felices, pero tienden a mantenerlo para sí mismos.

Los estudios han demostrado que el modelo de personalidad *"Big Five"* original y el NEO-PI-R son precisos y aplicables en diferentes culturas. Un hecho curioso que notaron los investigadores fue que los introvertidos que tomaron el examen con el tiempo solían puntuar de manera diferente en diferentes momentos de sus vidas, mostrando que el nivel de introversión no es constante a lo largo de la vida.

Como podrás observar, los últimos 35 años reflejan los esfuerzos de la psicología por definir la introversión-extroversión de diferentes maneras, aunque afortunadamente en los últimos años los investigadores se han interesado cada vez menos en construir nuevas teorías para clasificar la personalidad, y se han centrado más en la producción de investigaciones cuantitativas que realmente midan las diferencias entre introvertidos y extrovertidos. Estos nuevos estudios incluyen investigaciones que examinan:

- La genética de los introvertidos y los extrovertidos.
- La función cerebral de los introvertidos y extrovertidos.
- El temperamento y el comportamiento de los introvertidos y los extrovertidos.
- Incluso se ha intentado determinar si los extrovertidos son más felices que los introvertidos.

El estudio de la introversión se encuentra actualmente en un estado de crecimiento masivo. Continuamente se realizan nuevas e innovadoras investigaciones que nos permiten mejorar nuestra comprensión de lo que significa ser una persona introvertida. En los siguientes capítulos echaremos un vistazo más de cerca a la ciencia detrás de los introvertidos, incluyendo algunos de los estudios más recientes, y lo que hemos descubierto acerca de la genética del introvertido, el cerebro, el comportamiento y la felicidad.

Capítulo 6

LA CIENCIA SOBRE LOS INTROVERTIDOS

"Los sabios hablan porque tienen algo que decir. Los tontos porque tienen que decir algo." - Platón

Si bien las teorías psicológicas sobre la personalidad son interesantes desde una perspectiva académica, las preguntas prácticas son las que nos permiten entender y aprender: *¿La ciencia apoya estas teorías? ¿Los científicos han encontrado diferencias fisiológicas o biológicas entre introvertidos y extrovertidos? ¿Se han encontrado diferencias genéticas?*

Seguramente habrás notado que a pesar de lo que aprendimos sobre la personalidad ambivertida, el lugar donde te encuentras en el espectro de la introversión-extroversión es bastante fijo y no es algo que se pueda modificar a propósito de manera significativa y duradera. Por ejemplo, si tienes que prepararte para una gran fiesta o un evento, puedes hacerlo, pero luego te sentirás agotado. Por más que lo intentemos, a veces simplemente no podemos cambiar la forma en que estamos conectados. Aunque algunos factores como la autoconfianza, la comodidad con tu grupo social y la salud pueden desempeñar un papel en cómo te sientes en las interacciones sociales (te entregan o consumen energía), es tu composición mental la que mayormente determina tu lugar en el espectro.

Como ya te lo he adelantado en los capítulos anteriores, en este punto puede ser que no te sorprenda saber que existen diferencias significativas en la forma en que los introvertidos y extrovertidos procesan los estímulos, lo cual es un factor importante que contribuye a que las personas tengan distintas preferencias sociales. Afortunadamente, gracias a estudios científicos ahora es posible observar y cuantificar estas diferencias.

Durante las últimas dos décadas los científicos han trabajado para responder a este tipo de preguntas y han llegado a algunas conclusiones interesantes que revisaremos a continuación.

La corteza prefrontal

El 2012, el psicólogo de Harvard Randy Buckner realizó un estudio en busca de diferencias en la estructura del cerebro entre introvertidos y extrovertidos. Buckner y su equipo encontraron que los sujetos del estudio que se identificaron como introvertidos tenían una materia gris más gruesa en ciertas áreas de la corteza prefrontal, mientras que los que se identificaron como extrovertidos tendían a tener materia gris más delgada en esas mismas áreas prefrontales.

Para dar algún contexto, la corteza prefrontal es el área del cerebro responsable de las funciones como el pensamiento abstracto, la planificación, la toma de decisiones, la capacidad de atención y el enfoque. La materia gris más gruesa en la corteza prefrontal se correlaciona directamente con una mayor capacidad intelectual y mayor habilidad cognitiva con respecto a todas esas funciones.

Estos resultados tienen mucho sentido según lo que ya sabemos sobre los introvertidos y los extrovertidos, y podemos extraer una conclusión definitiva del estudio: Los introvertidos naturalmente tienen una materia cerebral de mayor densidad en el área del cerebro asociada con las conductas típicas introvertidas. En otras palabras, el cerebro introvertido enfatiza la planificación, el análisis, el enfoque y la introspección porque le dedica más capacidad intelectual. Esta es una diferencia física real en la estructura del cerebro.

Pero ¿Para qué nos sirve esta conclusión?

Bueno, nos ayuda a entender de los comportamientos asociados con los dos extremos del espectro.

Probablemente hayas escuchado la frase *"vivir en el momento"* o una de sus variaciones. La sociedad occidental ha aceptado esto como un comportamiento ideal y como una parte importante de ser feliz y vivir la vida al máximo. Como resultado, tu propensión a vivir en el momento puede estar correlacionada con tu posición en el espectro social y con la densidad correspondiente de materia cerebral en tu corteza prefrontal. Debido a que los extrovertidos no dedican tantos recursos neuronales al análisis y la toma de decisiones, pueden responder más a sus entornos y les resulta mucho más fácil vivir el momento, ya que sus cerebros les predisponen a reaccionar ante su entorno en lugar de analizar, planificar, concentrarse y meditar como lo hace la estructura cerebral introvertida.

Los introvertidos, mientras tanto, a menudo tienen que luchar para estar a la altura de este ideal social occidental. Debido a sus cortezas prefrontales más densas, los introvertidos dedican más recursos mentales a la reflexión abstracta, la planificación y la toma de decisiones, es decir, todas las actividades que definitivamente están ausentes de las ideas occidentales de aprovechar el momento.

Esto también explica por qué los introvertidos socialmente se fatigan más rápidamente, y se debe a que siempre hay trabajo cognitivo de gran intensidad en respuesta a los estímulos. Para un introvertido una fiesta no es solo una fiesta, una fiesta es un análisis de las personas, el entorno, las conversaciones y una cadena interminable de decisiones a considerar. En una fiesta el extrovertido disfruta el momento, mientras que el introvertido no puede evitar deconstruirlo en múltiples piezas.

Este hallazgo también puede ayudarnos a explicar el papel que el alcohol puede desempeñar para las personas altamente introvertidas que eligen consumirlo. El alcohol a menudo se considera como un lubricante social, pero también debilita la toma de decisiones y las habilidades de análisis crítico (Abernathy, 2010). De hecho, después de numerosos estudios de investigación de comportamiento en los que los científicos escanearon el cerebro de las personas mientras consumían alcohol, ahora se acepta ampliamente que el alcohol es directamente responsable de reducir la actividad neuronal en la corteza prefrontal. El alcohol puede causar temporalmente que las personas estén más en sintonía con sus entornos y menos en sus propias cabezas, es decir, esencialmente hace que nos comportemos y nos sintamos más extrovertidos de lo que normalmente somos.

La meditación también puede lograr el resultado deseado para aquellos introvertidos que buscan escapar de la sensación de estar atrapados dentro de sus propias cabezas mientras analizan e introspectan, incapaces de vivir en el momento. Se ha demostrado que la meditación de atención plena debilita las conexiones entre la amígdala, la parte de tu cerebro responsable de las emociones, y la corteza prefrontal. Esto sirve para aumentar la conciencia sobre la naturaleza de tus pensamientos y brindarte un mayor control sobre ellos, mejorando tu bienestar en el proceso. En otras palabras, te permite relajarte y enfocar tus pensamientos desde una perspectiva más tranquila.

La meditación no es solo útil para obtener un mayor control sobre las tendencias introvertidas. Los estudios han encontrado que las prácticas regulares de meditación en realidad pueden aumentar la densidad de la materia gris en la corteza prefrontal. En otras palabras, es posible mejorar tu enfoque, planificación y habilidades de toma de decisiones a través de la meditación.

Con este conocimiento, parece ser que tal vez nuestra posición en el espectro introvertido/extrovertido no sea tan estático como pudimos haber pensado.

Acondicionamiento asociativo

El segundo argumento en apoyo de la idea de que los introvertidos viven más en sus cabezas que en sus entornos externos proviene de un estudio realizado en el 2013 por Richard A. Depue y Yu Fu en la Universidad de Cornell. Los investigadores clasificaron a 70 hombres jóvenes, una mezcla de introvertidos y extrovertidos, de acuerdo con una prueba de personalidad estándar, y luego los dividieron en dos grupos aleatorios.

El primer grupo tomó la sustancia metilfenidato (MP), también conocida como Ritalin, que es un estimulante del sistema nervioso central que generalmente se usa para tratar el trastorno de déficit de atención e hiperactividad

(TDAH) al aumentar la producción de dopamina y norepi-
nefrina en el cerebro.

El segundo grupo sirvió como control experimental y
recibió un placebo. A ambos grupos se les mostró una serie
de videos en un entorno de laboratorio y recibieron el
Ritalin o el placebo durante los primeros tres días, y luego
en el cuarto día no se administraron drogas.

En el transcurso del estudio, los investigadores midieron
la fuerza con la que los participantes asociaban los videos
con el entorno al analizar algunos rasgos subconscientes,
como la memoria de trabajo, la velocidad con la que se
tocaban los dedos y la conducta en general. Una experiencia
positiva (en este caso, las liberaciones adicionales de dopamina causadas por el Ritalin) dan lugar a un movimiento
más rápido, mejor memoria, mejor atención visual y una
actitud más positiva.

Los extrovertidos que habían tomado Ritalin durante los
primeros tres días del estudio no mostraron cambios signifi-
cativos en su conducta al ver las películas con droga y luego
sin droga. Los extrovertidos del grupo de control tampoco
reaccionaron de manera diferente cuando se eliminó el
placebo. Este fue precisamente el resultado esperado por los
investigadores.

El fenómeno en juego para los extrovertidos que habían
sido parte del grupo de Ritalin se llama condicionamiento
asociativo y se explica de la siguiente forma: Al estimular el
sistema de recompensa de dopamina de los participantes
durante los primeros tres días con Ritalin, cuando llegó el
cuarto día, los extrovertidos del grupo habían sido condicio-
nados para asociar las señales del entorno (el laboratorio y
los videos) con la recompensa que esperaban (dopamina),
incluso cuando la recompensa ya no estaba presente en
forma de Ritalin.

¿Y en cuanto a los introvertidos?

Bien, tal como se esperaba, el grupo de control no mostró cambios cuando se eliminó el placebo. Sin embargo, cuando los investigadores evaluaron a los sujetos introvertidos del grupo que habían recibido Ritalin, descubrieron que mostraban poca o ninguna evidencia de condicionamiento asociativo (a diferencia de los extrovertidos). Después de tres días de experimentar niveles elevados de dopamina mientras miraban los videos, al eliminar la fuente de dopamina también se eliminaron todos los cambios conductuales y de comportamiento asociados.

En otras palabras, los extrovertidos miraron su entorno y lo asociaron con la recompensa (dopamina), mientras que los introvertidos no lo hicieron.

El equipo de investigación de Cornell concluyó que habían demostrado una diferencia crucial en la forma en que introvertidos y extrovertidos procesan la estimulación, específicamente los sentimientos de excitación.

Los sentimientos positivos y el disfrute de los videos experimentados por los extrovertidos que recibieron Ritalin se asociaron con su entorno inmediato, mientras que los introvertidos tuvieron reacciones más leves o incluso ninguna reacción a los videos porque no los asociaron a los sentimientos de recompensa.

Como dijo uno de los autores del estudio, Richard A. Depue: *"En un nivel más amplio, el estudio comienza a iluminar cómo las diferencias individuales en el funcionamiento cerebral interactúan con las influencias ambientales para crear una variación conductual."* Para los introvertidos, las señales internas tienen un impacto mucho más fuerte en el estado de ánimo que las influencias ambientales y las señales de recompensa. Es por eso que los efectos de condicionamiento asociativo del Ritalin solo fueron evidentes en los extrovertidos.

Para ver lo poderoso que puede ser el condicionamiento asociativo, tomemos como ejemplo a Helen, una anciana paciente de Alzheimer. Helen era una extrovertida de cuerpo entero, una mujer italiana ruidosa y orgullosa, cuya batalla de más de una década con la demencia finalmente la condujo a su fallecimiento. En los últimos años de su vida, Helen se olvidó de casi todo lo que había conocido, y se hizo cada vez más difícil ayudarla a sentirse feliz y cómoda. Sin embargo, cuando todo falló, los cuidadores hicieron una última cosa para ayudarla a tener un estado de ánimo más positivo. Pusieron un DVD de su programa de televisión favorito, Columbo, un viejo programa de detectives con episodios que generalmente duran más de una hora. Su memoria a corto plazo duraba solo unos pocos minutos en esos últimos días, pero aun así se sentaba durante todo el episodio, riéndose de las frases de Columbo y se emocionaba cuando atrapaba al asesino al final, aunque no podía seguir la trama o incluso recordar el nombre del espectáculo.

Tras décadas de observar y amar el espectáculo de Columbo, los sentimientos asociados de felicidad y comodidad se habían condicionado profundamente en su psique hasta el punto de que incluso cuando su cerebro se había deteriorado, el condicionamiento asociativo permanecía. Ahora solo podemos preguntarnos qué tan diferentes hubieran sido los últimos años de Helen si ella hubiera sido muy introvertida.

¿Qué significa todo esto para nosotros en nuestra vida cotidiana?

Esto refuerza nuestra conclusión anterior de que los extrovertidos viven en el momento más que los introvertidos. Mientras que los introvertidos están analizando y respondiendo a estímulos internos, los extrovertidos dependen más del instinto, lo que hace que su entorno tenga una mayor influencia sobre lo que están viendo y sintiendo.

Ciertamente, podemos aprender mucho sobre una persona al estudiar lo que la motiva y qué recompensa y estimulación busca para sí misma. Para los extrovertidos, estas recompensas a menudo pueden ser cosas como hacer conexiones más positivas, tener aventuras y ser estimulados positivamente por su entorno, mientras que los introvertidos tienden a estar más motivados por los sentimientos de satisfacción y de gratificación.

Excitación basal

Otra de las conclusiones de Eysenck sobre los cerebros de los diferentes tipos de personalidad fue que existen diferentes niveles basales de excitación cortical, es decir, el grado en que nuestras mentes están en movimiento y son estimuladas. El cerebro de un introvertido tiene un nivel más alto de excitación inicial, o, en otras palabras, está constantemente ocupado y nunca se apaga.

Para entenderlo mejor usaremos una metáfora. Piensa en el cerebro como un generador de energía. Ahora imagina que hay dos generadores de energía (dos cerebros), uno de los cuales funciona a un nivel base de 500 vatios mientras está en modo de espera, y el otro funciona a un nivel base de 50 vatios mientras está en modo de espera. ¿Qué explica esta diferencia? La explicación más sencilla es que ambos generadores están diseñados de acuerdo a planos diferentes.

Ahora supongamos que ambos generadores de energía

se sobrecargan y dejan de funcionar cuando llegan a un nivel de 1000 vatios.

Como tal vez podrás suponer, el introvertido es el generador de energía que funciona a un nivel base de 500 vatios, lo que significa que siempre está activo, alerta y analizando. Desafortunadamente, también está mucho más cerca del límite de 1000 vatios, por lo que se puede abrumar y sobrecargar más fácilmente, así que debe tener cuidado con la cantidad de estimulación que recibe, de lo contrario, podría colapsar los circuitos y desconectarse del entorno. Para los introvertidos el exceso de estimulación puede ser demasiada interacción social, conversación o la presencia de personas en general.

Los extrovertidos, por otro lado, pueden soportar estar rodeados de gente y ruidos fuertes. A fin de cuentas, solo están comenzando a 50 vatios. No necesitan tiempo para desconectarse y recargarse a solas después de las interacciones sociales. Por el contrario, al estar mínimamente estimulados buscan activamente ambientes estimulantes para elevar sus niveles de excitación.

En este punto es importante reconocer que no es necesariamente un aspecto positivo que el cerebro de un introvertido tenga un mayor nivel de excitación basal. ¿Dirías que alguien que se estresa más fácilmente es más inteligente? Definitivamente no. Por lo tanto, este es un rasgo que tiene aspectos positivos y negativos.

En resumen, los introvertidos tienen que esforzarse un poco más en mantener bajos sus niveles de excitación porque están comenzando desde un punto diferente en comparación a los extrovertidos, y el tiempo en solitario es una de las mejores herramientas para regular la sobrecarga. Por otro lado, los extrovertidos tienen más libertad de acción en situaciones sociales, lo que los lleva a disfrutarlas más.

Sistema de activación reticular

El sistema de activación reticular (RAS por sus siglas en inglés) es responsable de regular los niveles de alerta y excitación, y confirma los hallazgos de Eysenck. Los introvertidos tienen un alto nivel de actividad en el RAS, por lo que no requieren de ningún otro estímulo para mantenerlo en funcionamiento. Otros estudios también descubrieron que el RAS puede incluso predecir qué tan introvertido o extrovertido podrías ser. Si tienes un RAS muy activo, es probable que respondas con mayor intensidad a los estímulos externos. En este sentido, Eysenck ideó lo que se conoce como *"la prueba del jugo de limón."* La teoría sugería que, si el RAS de una persona era más sensible y tenía un mayor nivel de actividad, cuando se rociara jugo de limón en su lengua se produciría más saliva en comparación a alguien con un RAS menos sensible. En otras palabras, mientras más saliva alguien produce, es más probable que sea introvertido debido a que tiene un mayor nivel de excitación y reacción a los estímulos externos.

¿Y qué ocurrió con la prueba? Efectivamente, los introvertidos en el estudio produjeron un 50% más de saliva que los extrovertidos. Este resultado tiene grandes implicaciones para nuestra comprensión. El hecho de que algo tan pequeño como gotas de jugo de limón pueda desencadenar niveles de reacción tan diferentes demuestra la importancia de los niveles iniciales de excitación... Y una gota de jugo de limón no es nada comparado con un evento social salvaje y lleno de gente.

Esto pone al introvertido en una luz totalmente diferente y más comprensiva. Lo que el extrovertido apenas puede sentir, el introvertido puede sentirlo con un aumento de 100x. Solo piensa en el introvertido y el extrovertido en una fiesta. Una simple conversación va a tener un mayor impacto en el introvertido debido a su mayor nivel de excitación inicial. Todos los estímulos funcionan con el mismo principio del jugo de limón. Los extrovertidos requieren un estímulo mucho más grande para reaccionar y, por lo tanto, requerirían mucho más jugo de limón para producir la misma cantidad de saliva.

Flujo Sanguíneo

En 1999, Debra Johnson y John S. midieron el flujo sanguíneo cerebral de dos grupos de personas (introvertidos y extrovertidos) con escaneos de tomografía por emisión de positrones (PET), mientras los sujetos hacían cualquier cosa sin instrucciones.

Se descubrió que los introvertidos y los extrovertidos tenían la misma cantidad de flujo sanguíneo en sus cerebros, aunque en regiones muy diferentes. Los lóbulos frontales y el tálamo anterior del cerebro de un introvertido relacionado con recordar eventos, hacer planes y resolver problemas tuvieron mayor flujo que en cualquier otra parte. Esto significaba que los introvertidos preferían interactuar y hablarse a sí mismos en vez de a los demás. Esta actividad cerebral confirma el comportamiento típico de un introvertido.

Por otro lado, los extrovertidos tenían más flujo sanguíneo en la circunvolución cingulada anterior, los lóbulos temporales y el tálamo posterior, áreas del cerebro involucradas en la interpretación de los datos sensoriales. Los extrovertidos también tenían menos flujo de sangre en las áreas cerebrales asociadas con la inhibición del comportamiento. Esto indica que se centran en las actividades de su entorno, en las personas que están a su alrededor y no piensan en limitarse o censurarse a sí mismos. Sus cerebros están diseñados para elegir la actividad de mayor impacto para elevar sus niveles de excitación.

Toda la información recopilada de la investigación ciertamente muestra una clara separación entre los cerebros introvertidos y extrovertidos. Por un lado, tienes a una persona que no teme a la sobreexposición y depende de fuentes externas para alimentar sus niveles de excitación, y por otro lado, a una persona que prefiere ser cautelosa y asegurarse de que no se siente abrumada y piensa dos veces antes de actuar.

Sustancias químicas del cerebro

La composición química de nuestro cerebro difiere en cada persona, aunque el principal elemento responsable de la diferencia entre introvertidos y extrovertidos es el neurotransmisor llamado dopamina. Los hechos más relevantes para nosotros son los siguientes:

- La dopamina puede tener diferentes efectos dependiendo de qué neurona se active y de qué neurona reciba la dopamina.
- La dopamina se libera con sexo, drogas y rock and roll.
- Se lanza como retroalimentación a una recompensa prevista. Por ejemplo, si estás a punto de devorar una rebanada de pastel de chocolate, se liberará dopamina.
- La dopamina a menudo se asocia con el placer y

con la anticipación del placer, y solo se libera con
el objetivo de hacer que nuestro cerebro sepa que
el evento que está ocurriendo es una
recompensa.

Dependiendo de la personalidad del individuo, la dopamina también se procesa de manera diferente, y eso es lo
que veremos a continuación.

Los extrovertidos ansían la dopamina

Las investigaciones han demostrado que los extrovertidos son menos sensibles a la dopamina en comparación a
los introvertidos (Kaufman). Los extrovertidos ansían la
dopamina y necesitan cantidades mayores para sentir sus
efectos, por lo tanto, necesitan más actividad para crearla y
procesarla. Es como si las sensaciones se hubieran atenuado
para los extrovertidos, por lo que buscan continuamente
estímulos externos para producirlas. Esto concuerda con los
resultados que vimos anteriormente para la *prueba del jugo
de limón.*

Esta puede ser la razón por la cual los extrovertidos
buscan atención y participan en actividades estimulantes
como ser el centro de una fiesta, los payasos de la clase o
toman más riesgos. Incluso es probable que los extrovertidos busquen el riesgo de fuentes externas con actividades
como el paracaidismo y el salto de acantilados, de modo de
recibir un pico de dopamina en su cerebro.

Los introvertidos, por otro lado, son mucho más sensibles a la dopamina. No necesitan tanta atención o riesgo
para producir la cantidad de dopamina necesaria para
sentir placer, y debido a esto pueden desear pasar más
tiempo en soledad y tranquilidad. Su principal tarea es

evitar ser abrumados por un exceso de dopamina y se aíslan para lograrlo.

En resumen, los introvertidos buscan *"ocultarse"* de la dopamina, mientras que los extrovertidos buscan estimularla.

Los introvertidos ansían la acetilcolina

Imagina que acabas de despertar. Vas a la cocina y te preparas una taza de té caliente. Ese primer sorbo de té te calienta desde adentro hacia afuera. Te hace sentir relajado, alerta y contento. Lo mismo sucede cuando se libera un neurotransmisor llamado acetilcolina. Es todo lo contrario de la adrenalina. Cuando se libera adrenalina el cuerpo entra en modo de luchar o escapar. Tus sentidos se intensifican, tu ritmo cardíaco sube y estás listo para enfrentar a lo que se atraviese en tu camino. La acetilcolina te saca del modo de luchar o escapar, es decir, es el soplo de aire fresco que te ayuda a relajarte y regresar tus funciones corporales a un estado normal.

En el sistema nervioso central, la acetilcolina también se usa junto con el placer y las recompensas, aunque se trata de un tipo diferente de recompensas en comparación a las señales de la dopamina. La acetilcolina nos hace sentir bien cuando nos volvemos hacia adentro y podemos enfocarnos en menos cosas con menos personas y nos hace sentir bien cuando estamos relajados. Participar en actividades de bajo perfil, calmantes y mentalmente desafiantes libera acetilcolina. Por ejemplo, si disfrutas sentarte en la noche a leer tu libro favorito tomando un chocolate caliente, esa sensación placentera proviene de la acetilcolina y no de la dopamina.

Se ha demostrado que los cerebros introvertidos tienen un mayor flujo sanguíneo a través de las vías de acetilcolina, mientras que los extrovertidos tienen este flujo sanguíneo en sus vías de dopamina (Fonseca). Los introvertidos ansían la acetilcolina porque es su fuente más frecuente de recompensas.

Evidentemente los extrovertidos también pueden reflexionar y perderse en sus pensamientos, pero este sentimiento placentero causado por la acetilcolina palidece en comparación con la sacudida de dopamina que experimentan.

Entonces, para recordar las ideas principales, los extrovertidos llenan sus baterías con las personas a su alrededor, es decir, la dopamina llena su batería. Por otro lado, los introvertidos recargan sus baterías solos y cuando reciben dopamina se pueden desbordar y agotar su batería social, por lo que en su lugar buscan las recompensas que proporciona la acetilcolina. Para que los introvertidos sean felices y prosperen, simplemente necesitan reducir la dopamina que se libera en sus cerebros, y esto los lleva a ser selectivos sobre lo que oyen y con quién interactúan.

Entonces, ¿De qué nos sirve este conocimiento sobre las diferentes vías de recompensas?

Bueno, si eres un introvertido, ya sabes que estás caminando con una mayor sensibilidad a las situaciones sociales, cortesía de tu alta sensibilidad a la dopamina. Si bien puede ayudar encontrar una cueva y aislarte, no siempre es la opción más práctica (o más sana). Sé selectivo con tu interacción social y trata de encontrar lo que realmente te está agotando. Asegúrate de disfrutar del dulce resplandor de la acetilcolina, que es lo que realmente te hará feliz. No trates de realizar una mala imitación de un extrovertido, porque biológicamente no estás diseñado para obtener felicidad de esos comportamientos.

Por otro lado, si eres un extrovertido, intenta obtener la

mayor interacción social posible. Haz nuevos amigos, planea actividades divertidas y toma riesgos. Esta es tu brújula y recargará tu batería. Los introvertidos y los extrovertidos son quienes son debido a estas diferencias químicas, y su comportamiento va más allá de las preferencias y la personalidad... literalmente está programado en nuestros cerebros.

Diferencias genéticas

Los científicos han descubierto que se heredan varios aspectos de la personalidad, y si eres introvertido, probablemente hayas heredado la introversión de alguno de tus padres. Según un estudio realizado por T. Bouchard y J. Loehlin el año 2001, publicado con el título *"Genes, evolution, and personality"*, la introversión o extroversión es *"moderadamente"* hereditaria, es decir, es representada en un 45-50% por los genes. Otro estudio realizado por K. Jang y W. Lively el 2002, titulado *"Personality and Individual Differences"*, encontró que incluso las facetas de las dimensiones de la personalidad *"Big Five"* también podrían ser explicadas por la genética, pero la genética no es toda la historia. De acuerdo al estudio realizado por Bouchard y Loehlin, el efecto de los genes disminuye con la edad, por lo que la introversión en adultos también podría ser producto de las influencias del comportamiento, al menos en cierto grado.

Volviendo a la genética, algunos estudios han sugerido que determinados genes individuales pueden tener un impacto directo en la introversión. Un estudio realizado por X. Luo, y H. Kranzler el 2007, titulado *"Biological Psychiatry"*, identificó una posibilidad en el gen ADH4. Los investigadores en este estudio observaron que ya se habían identificado asociaciones fuertes entre el gen ADH4 y la dependencia de sustancias como alcohol o drogas. Además, observaron que había rasgos de personalidad específicos también asociados con la dependencia de sustancias y teorizaron que, por lo tanto, podría haber un vínculo entre los rasgos de personalidad específicos y el gen ADH4.

Los investigadores en el estudio del gen ADH4 utilizaron un test de personalidad de cinco factores en 243 individuos con dependencia de sustancias y 296 sujetos de control sin dependencia de sustancias. También genotipificaron 7 marcadores del gen ADH4 y 38 marcadores no relacionados en estos individuos. Encontraron fuertes asociaciones entre los rasgos de personalidad de cordialidad y extroversión con ciertas partes del gen ADH4, y concluyeron que hay una base genética para los rasgos de personalidad como la introversión.

Desafortunadamente, hoy en día no hay una opinión concluyente sobre el efecto de la genética en la introversión, pero seguramente pronto llegará el día en que nuestro conocimiento sobre la relación entre los genes y los rasgos de personalidad revolucionarán la forma en que pensamos acerca de la personalidad.

Otras diferencias

Hasta ahora hemos aprendido acerca de las diferencias en la estructura y la química del cerebro entre introvertidos y extrovertidos. Sin embargo, hay otras diferencias menos evidentes que definen a las personas en el espectro de la personalidad y revisaremos brevemente algunas de las más importantes.

Juicio

Veamos qué dice tu primer instinto, ¿Son más críticos los introvertidos o los extrovertidos?

Si eres sagaz, veras que todas las señales están ahí para indicar que los introvertidos son más críticos. Se caracterizan rutinariamente como enfocados hacia adentro, analíticos y más reservados. Además, se aburren y se cansan fácilmente de las personas porque su batería social es baja, pero también es probable que crean que algunas personas no valen la pena para tal agotamiento.

Un estudio realizado el 2016 por Boland y Queen puso esta teoría a prueba y esencialmente confirmó que los introvertidos tienden a emitir juicios más fácilmente sobre los demás. Lo hicieron al probar cómo los participantes reaccionaron a los errores gramaticales y tipográficos en los correos electrónicos. Algunos de los correos electrónicos tenían ausencia de errores, mientras que otros estaban plagados de errores. Se pidió a los participantes que calificaran a los autores de los correos electrónicos con frases tales como *"el escritor parece amable"* o *"el escritor parece considerado y confiable."*

Previamente los participantes también completaron un cuestionario de personalidad que era una versión de los cinco rasgos de personalidad que se describieron anteriormente: apertura, escrupulosidad, extroversión, cordialidad y neuroticismo. Por supuesto, para el propósito del estudio los investigadores se centraron en la extroversión o la falta de ella.

Los investigadores encontraron que los introvertidos eran mucho más propensos que los extrovertidos a calificar mal a las personas, diciendo que eran menos amables, menos considerados y menos confiables en general, en función de sus faltas de ortografía. Por otro lado, los extrovertidos calificaron los correos electrónicos libres de error y los plagados de errores más o menos de la misma manera.

La conclusión que podemos extraer es que los introvertidos son de hecho más críticos e imponen rápidamente su juicio sobre alguien basándose en poca o ninguna información. Un error tipográfico puede ocurrir por muchas razones, y los introvertidos no dieron el beneficio de la duda: simplemente saltaron a la conclusión de que el autor de tales errores tipográficos sería menos confiable y menos amable.

Es evidente que los introvertidos poseen todos los rasgos de alguien que juzga rápidamente. Analizan, miran, y tienden a pensar mucho antes de actuar. En otras palabras, creen que toman decisiones relativamente inteligentes y medidas, y juzgan a aquellos que aparentemente no hacen lo mismo. Técnicamente, para un introvertido no pensar antes de actuar no se trata de un error, sino de una deficiencia.

Adicción a la cafeína

¿Cuántos de nosotros nos llamaríamos adictos a la cafeína sin pestañear? Si no la consumimos por el supuesto aumento en el estado de alerta y en el rendimiento, tal vez solo la consumamos por el ritual y el olor de los granos de café tostados.

Si te clasificas como un introvertido y un adicto a la cafeína, tal vez quieras reconsiderar tus estrategias al despertar por la mañana. Una teoría reciente ha propuesto que la cafeína en realidad puede ser perjudicial para el rendimiento de un introvertido y hacer que se sobrecarguen como si su batería social estuviera completamente agotada y fatigada. Teniendo en cuenta la información que hemos aprendido a lo largo del libro, esto no debería ser una sorpresa.

Recuerda que los introvertidos tienen un nivel de excitación basal más alto. Eso significa que pueden ser estimulados en exceso fácilmente, y tienen una menor tolerancia a la interacción social.

Esta teoría no debería sorprendernos, porque la cafeína suena exactamente como la sensación que los introvertidos intentan evitar a diario. Metafóricamente hablando, es como si un introvertido en su estado natural estuviera sintiendo los efectos de dos tazas de cafeína sin beber nada. La cafeína es una de las sustancias que, en teoría, los empujará y los hará sentirse abrumados y cansados en vez de aumentar el estado de alerta. Alimentar a un introvertido con un exceso de cafeína es como someterlos a una conversación de una hora y lo único que se conseguirá es que se desconecte, o al menos se volverá más ineficiente y fatigado.

Personalmente he comprobado esta teoría, y he descubierto que puedo disfrutar gratamente de una taza de café a solas o con mi esposa, pero cuando la tomo en un lugar con más gente... es una historia completamente distinta. Los estímulos se multiplican, especialmente los sonidos, y rápidamente mis sentidos se sobrecargan y no puedo concentrarme en lo que sea que esté haciendo. Por lo tanto, te recomiendo que te auto descubras y uses la cafeína siendo consciente del efecto que causará en una situación determinada.

Velocidad de reacción

Estudios han demostrado que los introvertidos responden más rápidamente a los estímulos, pero más lentamente a los cambios. Uno de estos estudios fue realizado por C. Stauffer y R. Indermuhle el 2012 y publicado en el *"International Journal of Psychophysiology 86"*, fue diseñado para examinar a estudiantes universitarios que previamente habían sido evaluados con un cuestionario sobre la extroversión. Los investigadores hicieron que los estudiantes vieran pantallas de ordenador en las que se les presentaban conjuntos de cuadrados coloreados, con cada juego mostrando 2, 4 o 6 colores diferentes. Los colores de los cuadrados cambiaban el 50% del tiempo y los estudiantes fueron conectados a un electroencefalograma (EEG) para medir los tiempos de respuesta de sus cerebros para los diferentes conjuntos de los cuadrados.

Curiosamente, los introvertidos en el estudio tenían los cerebros que reaccionaron más fuertemente si los colores de los cuadrados cambiaban. El EEG también mostró que los introvertidos estudiaron los estímulos más profundamente. Por otro lado, cuando se trataba de reaccionar a los cambios en la configuración de los colores de los cuadrados (2, 4 o 6 colores), los extrovertidos mostraron una mayor reactividad, es decir, los extrovertidos eran más sensibles que los introvertidos a los cambios en su entorno.

Los cerebros introvertidos literalmente reaccionan más rápido y más intensamente ante cualquier información que ingresa, por lo tanto, no es de extrañar que necesiten alejarse de todo para recargarse. Esto explica por qué necesitan tiempo a solas, por qué encuentran que las configuraciones sociales son agotadoras y por qué tardan en reaccionar, en general.

La parte más interesante de este estudio fue que mostró, mediante la medición de la actividad del cerebro, que no había una diferencia física o estructural en los cerebros de introvertidos y extrovertidos al responder a la misma serie de estímulos.

En el siguiente capítulo aprenderás el efecto que puede tener tu personalidad y tu capacidad social en algo tan subjetivo como la felicidad y veremos qué dicen los estudios e investigaciones sobre si hay diferencias entre la felicidad de introvertidos y extrovertidos.

Capítulo 7

FELICIDAD

Tal vez el campo más curioso del estudio en relación con la introversión y la extroversión es el estudio de cómo se relacionan con la felicidad.

La felicidad puede significar cosas diferentes para diferentes personas. Para algunos, la felicidad es la mayor meta en la vida. Para otros, la felicidad está en el viaje y se experimenta en los pequeños momentos que le dan sentido a la vida. Sin embargo, independiente del significado, la felicidad es un sentimiento o estado de satisfacción, placer, alegría, realización y bienestar. La mayoría de las veces se considera que el temperamento de una persona es el componente principal de lo felices que son. Alguien con un temperamento equilibrado experimenta estados emocionales estables y consistentes, mientras que aquellos con temperamentos más esporádicos pueden oscilar de un estado emocional volátil a otro.

Sorprendentemente, tu personalidad en términos de capacidad social también parece tener un marcado efecto en tu felicidad general.

¿Hay diferencias mensurables en la felicidad entre introvertidos y extrovertidos? Los psicólogos han diseñado muchos estudios a lo largo de los años para buscar una respuesta a esta pregunta y los resultados son consistentemente similares.

Probablemente tu intuición te puede estar diciendo que los extrovertidos son más felices. En este punto sabemos que los extrovertidos tienen un deseo innato de una mayor cantidad e intensidad de interacción interpersonal. Por lo general, son más activos, buscan estimulación con más frecuencia y tienen una gran capacidad de alegría. Las personas que se identifican como extrovertidas a menudo se describen como *"sociables, activas, comunicativas, orientadas a las personas, optimistas, amantes de la diversión y afectuosas."* Por otro lado, las descripciones típicas de los introvertidos incluyen *"reservado, sobrio, distante, orientado a tareas, solitario y tranquilo."*

De los dos, claramente los extrovertidos suenan como si estuvieran más atraídos por la felicidad y la alegría, aunque quizás simplemente solo expresan sus emociones más vívidamente, mientras que los introvertidos son más reservados, lo que da la impresión de que son menos felices.

Una y otra vez, una encuesta tras otra, los científicos que estudian la psicología del comportamiento han descubierto que los extrovertidos se consideran más felices en comparación a los introvertidos. Tales estudios pueden ser interesantes, aunque no podemos necesariamente aceptarlos a su valor nominal, dado que los resultados son auto informados, y los extrovertidos son intrínsecamente más propensos que los introvertidos a describirse como felices.

Típicamente, las encuestas que tienen que ver con el tipo de personalidad se enfocan en los cinco rasgos básicos de personalidad que fueron investigados y desarrollados por

D.W. Fiske en 1949, y se siguen usando ampliamente en la actualidad. Estos rasgos son:

Apertura a la experiencia: *¿Estarías dispuesto a arriesgarte por una gran oportunidad de carrera si se requiere mudarse a una nueva ciudad y empezar de nuevo con un nuevo círculo social? ¿Qué tal si te presentas a una fiesta en la que solo conoces al anfitrión o tal vez a nadie?*

Conciencia: *¿Cuánto tiempo pasas planificando y organizando tu vida? ¿Reflexionas constantemente sobre tus objetivos y deseos personales, o prefieres ser tú mismo y hacer lo que te venga naturalmente, y dejar que el resto se resuelva por sí solo?*

Extroversión: *¿La socialización típicamente te energiza o te agota? ¿Prefieres la estimulación externa o pasas mucho tiempo analizando e introspectando?*

Por supuesto, este es el rasgo de personalidad que más nos interesa medir, aunque no lo podemos hacer aisladamente sin considerar los otros rasgos.

Cordialidad: *¿Tiendes a llevarte bien con la mayoría de las personas con las que socializas y siempre prefieres las interacciones positivas? ¿Sueles desafiar a las personas cuando te involucras con ellas? ¿Prefieres permanecer desapegado e impasible en la interacción social?*

Neuroticismo: *¿Eres sensible a cómo las personas perciben y piensan sobre ti? ¿Te pone nervioso interactuar con personas con las que no te sientes cómodo? ¿O, en general, estás seguro de ti mismo y confías en las situaciones sociales?*

Ryan Howell, un psicólogo de la Universidad Estatal de San Francisco, realizó un estudio que puede brindar más información sobre este tema. 754 estudiantes fueron identificados como más introvertidos o extrovertidos, y luego se les pidió completar una serie de cuestionarios sobre personalidad, satisfacción con la vida y recuerdos personales.

Los resultados del estudio mostraron que aquellos individuos que se identificaron como extrovertidos eran más propensos a recordar las cosas buenas del pasado y a minimizar las malas en comparación a los introvertidos estudiados. Esta perspectiva positiva de las experiencias pasadas demuestra el vínculo entre la extroversión y una mayor satisfacción con la vida.

Pero ¿Qué podemos concluir de esto?

Los hallazgos de este estudio muestran esencialmente que los extrovertidos tienen un secreto especial para ser más felices y optimistas: *Literalmente olvidan la negatividad.* Los extrovertidos experimentan la negatividad, sin duda, pero o bien no se queda en su memoria a largo plazo o bien eligen enfocarse en lo positivo. Este concepto puede ser particularmente extraño para los introvertidos. Un introvertido puede pensar que sería agradable olvidar momentos de vergüenza u otro trauma social, pero recordar esas cosas no parece una elección y puede ser en gran medida un prisionero de su propia mente.

No es raro que los introvertidos recuerden los pequeños errores y la retroalimentación social negativa de maneras que los hacen sentir mucho peor que en la realidad. Por otro lado, esos mismos recuerdos los pueden ayudar a aprender y a desarrollar un temperamento equilibrado, permitiéndoles crear un potente filtro sobre sus pensamientos y acciones, lo que en algunos casos, sobre todo a nivel profesional, puede ser beneficioso.

Entonces, ¿Dónde está el equilibrio adecuado?

Desafortunadamente no hay una respuesta fácil aquí. Parece que lo mejor que podemos hacer los introvertidos es comprender que pensar en la negatividad del pasado solo agrava los efectos de esas experiencias en el presente, lo que perjudica nuestras posibilidades de ser felices en nuestra vida cotidiana. Entonces, aunque analizar y aprender de los errores parece una buena idea en el ámbito profesional, si el objetivo es la felicidad, probablemente sea mejor dejarlos ir.

La felicidad y el comportamiento

Hemos visto alguna evidencia de que la mentalidad de los extrovertidos los lleva a una mayor sensación de felicidad, pero ¿Qué pasa con su comportamiento?

Los psicólogos Wido Oerlemans y Arnold Bakker también realizaron un estudio que explora el vínculo entre la felicidad y la extroversión, centrándose en las diferentes acciones y eventos relacionados con la felicidad.

Para el estudio reclutaron a más de 1.300 personas y les pidieron que realizaran un seguimiento de sus actividades diarias y que describieran sus sentimientos en ese momento. Cuando llegaron los recuentos finales, habían recopilado datos para casi 14.000 actividades y descubrieron que las diferentes actividades tuvieron un fuerte impacto en los niveles de felicidad informados por introvertidos y extrovertidos.

Los extrovertidos favorecieron particularmente las actividades *"gratificantes"* como recibir el sueldo de su trabajo, hacer ejercicio o ganar una competencia. Cuando estas actividades gratificantes se combinaron con la interacción social, el nivel de felicidad posterior aumentó aún más.

En el lado opuesto del espectro, se descubrió que los introvertidos que sufren de ansiedad e irritabilidad son más receptivos a los castigos y a otras situaciones negativas, lo que los hace más infelices. Los extrovertidos se vieron más emocionalmente afectados por la positividad y la felicidad, mientras que los introvertidos se vieron más emocionalmente afectados por la negatividad y la infelicidad. Esto se conoce como *"modelo de reactividad afectiva"*, y describe cómo la personalidad influye en la fuerza con la que uno reacciona a los eventos positivos o negativos.

La teoría de que los extrovertidos son más felices como resultado de ser más receptivos a las recompensas fue publicada por primera vez por Gray en 1982 y fue apoyada más tarde por Larsen y Ketelaar en 1991 cuando su investigación encontró que los extrovertidos reaccionaban más fuertemente que los introvertidos a las situaciones positivas. Metafóricamente hablando, es como si el estado de ánimo de un extrovertido pudiera elevarse al recibir un helado, mientras que para elevar el estado de ánimo de un introvertido se requiere de una comida de cinco platos.

Teniendo en cuenta que los extrovertidos tienden a pasar más tiempo socializando (yendo a fiestas, clubes y otras formas de reunión) y participando en otras actividades gratificantes para ellos, no es de extrañar que se sientan felices con más frecuencia que los introvertidos. Los introvertidos, por otro lado, probablemente pasarán más tiempo solos rumiando sus pensamientos, los que a veces tienden a conducirlos por caminos oscuros.

De hecho, un estudio realizado en 1985 por Headey encontró que las personas jóvenes y extrovertidas tienen mayores oportunidades de experimentar eventos favorables, como, por ejemplo, enamorarse. Es importante notar que esta no es una declaración sobre la suerte, sino más bien sobre la probabilidad. Los extrovertidos participan en más interacciones y experiencias en general, por lo que se deduce que también tendrán más experiencias positivas.

Al juntar la información de todos los estudios mencionados en este capítulo, ¿Qué podemos decir sobre la búsqueda de la felicidad?

Bueno, si eres un extrovertido, se tú mismo y busca constantemente el compromiso social. Para los introvertidos, por otro lado, si no deseas aumentar tu volumen de interacción social, puedes cambiar la eficacia de la interacción al comportarte de manera más similar a la de un extrovertido. En lugar de analizar y pensar en exceso, intenta estar presente en el momento y participa enérgica y confiadamente con las personas que te rodean. La gente te recibirá mejor, y literalmente te sentirás mejor tratando de encarnar esos rasgos. Sin embargo, hay algunas advertencias que debes considerar antes de actuar como un extrovertido, y los veremos más adelante en el capítulo *"Cómo saber cuándo actuar más extrovertido."*

Otro factor a considerar en esta gran ecuación de felicidad es el papel que se acepta en la sociedad. Las sociedades occidentales ciertamente parecen valorar la extroversión y sus comportamientos asociados por encima de la introversión, por lo que los extrovertidos naturalmente pueden sentirse mejor sabiendo que encajan en el molde ideal. Lógicamente esto funciona de manera opuesta para los introvertidos y se les puede hacer sentir que necesitan cambiar o, peor aún, falsificar sus personalidades para ser aceptados.

¿Todo esto significa que los introvertidos son infelices?

No necesariamente. Parte del problema está en que los extrovertidos y los introvertidos reaccionan de manera diferente a los eventos agradables. Entonces, aunque un extrovertido se pueda sentir *"feliz"* cuando está entusiasmado, un introvertido vería el *"exceso"* de emoción como desagradable. Por lo general, los introvertidos sienten que las cosas van bien cuando se sienten relajados y pacíficos.

Ahora, en algunos estudios la introversión se ha relacionado con trastornos del estado de ánimo, específicamente con depresión y ansiedad, pero sin desconocer que puede haber una correlación entre los introvertidos emocionalmente inestables con la depresión o la ansiedad, también es cierto que los introvertidos emocionalmente estables no son más vulnerables a la depresión y la ansiedad que los extrovertidos emocionalmente estables.

Es importante reconocer que la felicidad en la vida puede verse afectada por un gran número de factores que no tienen nada que ver con la introversión o la extroversión. Por ejemplo, si un individuo tiene un fuerte sentido de sí mismo o incluso si creció en una cultura relativamente feliz, es probable que durante su vida sea una persona feliz. Ser introvertido no significa necesariamente estar condenado a una vida de infelicidad. Los introvertidos pueden ser tan felices como los extrovertidos. Simplemente tenemos una forma diferente de sentirla y de expresarla.

Evidentemente la felicidad de un introvertido se ve diferente a la de un extrovertido. Disfrutamos cabalgando sobre las olas de sutileza en lugar de las gigantescas olas de adrenalina. Disfrutamos adentrándonos en la extraña belleza de la soledad. Nos complace explorar nuestra propia mente y desbloquear los tesoros escondidos en ella. En un mundo ruidoso con luces intermitentes en todas las direcciones, nuestra imaginación es un lugar familiar para retirarse y sentirse como en casa. Dentro de nuestra propia mente podemos hacer conexiones y descubrimientos que nos iluminan por dentro.

La soledad es un manantial de felicidad para los introvertidos. Es donde podemos sumergirnos profundamente en las cosas que nos alegran. Es un gozo silencioso que es insultado por los fuertes aplausos y las golpizas a menudo asociadas con la palabra. Se trata menos de *"diversión"* y más de profundidad y comprensión.

El resto del mundo seguirá tratando de enseñarnos a *"relajarnos"* y *"unirnos a la fiesta."* Tratarán de hacer que nuestro aspecto feliz se parezca más al de ellos. Y está bien. Hemos aprovechado el manantial de la verdadera alegría que algunas personas nunca conocerán.

Si eres un extrovertido ¿Realmente piensas que seríamos más felices si fuéramos más como ustedes?

Cómo saber cuándo actuar más extrovertido

"La fuerza radica en las diferencias, no en las similitudes." - Stephen R. Covey

Como ya hemos visto, la extroversión a menudo se considera el estándar ideal para vivir. Como resultado, los introvertidos prácticamente salimos del útero creyendo que deberíamos ser más extrovertidos. Durante gran parte de nuestras vidas vivimos convencidos de que ponernos la máscara de la extroversión es nuestro boleto a la popularidad, el éxito y la aceptación. Esto podría ser cierto de alguna manera, pero la realidad es que las cosas que logramos *"fingir"* a menudo se sienten más como una carga que como una recompensa.

Los extrovertidos quieren cosas diferentes a las que queremos nosotros. Un día ideal para la mayoría de los extrovertidos probablemente sea drásticamente diferente a nuestro día de ensueño. Lo que los energiza nos drena. Lo que se siente completamente natural para ellos puede ser completamente agotador para nosotros.

Cuando se trata de actuar de manera extrovertida, fingir podría ser un boleto de ida a una vida que odias. A pesar de que hay evidencia de que ciertos comportamientos extrovertidos pueden generar una mayor sensación de felicidad, es importante recordar que la introversión es una orientación. Es una parte inherente de lo que somos. Intentar convertir a los introvertidos en algo que no somos es contraproducente y, en mi opinión, simplemente insultante.

Los introvertidos y los extrovertidos tienen diferentes necesidades y deseos. Ninguno de los dos es mejor que el otro y, sin embargo, a los introvertidos se les hace sentir constantemente que sus características innatas son inferiores. Esto simplemente no es verdad. No necesitamos ser *"reparados"* y convertidos en extrovertidos. Insistir a las personas para hacer cosas que realmente no quieren hacer es desagradable. Para ser justos, muchos extrovertidos tienen intenciones nobles y no quieren hacer daño con sus demandas persistentes, pero, sean cuales sean sus motivos, me niego a recompensar el comportamiento que me hace sentir mal.

Así que, ahora que he expresado mi opinión al respecto, repasemos las advertencias y excepciones.

La pregunta más importante que debes hacerte antes de fingir

Antes de siquiera pensar en comportarte como un extrovertido, te imploro que te hagas esta importante pregunta:

¿Esto me hará acercarme o alejarme de mis objetivos y valores a largo plazo?

Si la recompensa es lo suficientemente grande, actuar como un extrovertido por un tiempo puede valer la pena. En otras palabras, si fingir te lleva a donde realmente quieres estar en esta vida, ve por ello.

Te recomiendo encarecidamente que primero hagas una búsqueda profunda para asegurarte de que tus deseos sean realmente tuyos. En una sociedad que rinde culto al ideal extrovertido, es demasiado fácil adaptar nuestros sueños para que se ajusten a ese ideal.

Considera el costo

Hay un precio por fingir. Nos cuesta energía y tiempo preciosos. Hace poco una amiga muy cercana me comentó sobre lo difícil que es para ella hacer un trabajo creativo después de pasar un tiempo como extrovertida. Sé exactamente a lo que se refiere.

Cada pequeña gota de energía que ponemos en fingir significa que tenemos menos energía mental y física para otras cosas, y estas otras cosas pueden ser actividades que nos traen gran alegría y satisfacción.

Considera si el precio vale la pena para el resultado que conseguirás. Si no, ¿Para qué molestarse?

Ir con el flujo

A veces, actuar como extrovertido es algo natural. Muchos introvertidos pasan por ciclos de mucha soledad seguidos de breves estallidos de actividad social. Cuando nuestros niveles de energía están en su punto máximo, podemos disfrutar jugando el papel de mariposa social por un tiempo.

Tal vez te guste almacenar toda tu energía social durante la semana y luego vestirte de extrovertido los sábados. En pocas palabras: si se siente bien y es natural, no califica como *"fingir."*

Cualquier persona introvertida cuya meta de vida sea volverse más extrovertida, está apuntando demasiado bajo. El mundo será un mejor lugar cuando los introvertidos dejen de intentar ser algo que no son y comiencen a abrazar los dones de su introversión.

Entonces, adelante, te invito a evaluar si vale la pena fingir ser extrovertido en algunas situaciones, y si no se justifica, entonces ejercita tu derecho a decir no a las exigencias extrovertidas y hazlo sin culpa. De eso es lo que hablaremos a continuación.

Solo di no

Vivimos en una cultura obsesionada con la multitarea y la distracción. La gente acumula responsabilidades hasta estar a punto de derrumbarse y usamos la insignia de los compromisos excesivos con orgullo. De alguna manera, el mundo ha confundido el ajetreo con la productividad y sentirse agotado y abrumado es parte de ser un adulto.

Los introvertidos también podemos ser absorbidos por la cultura de la distracción y podemos ignorar nuestra sed innata de soledad. Nos agotamos mental y físicamente mientras tratamos de mantener el ritmo de los extrovertidos y, para encajar, ampliamos nuestros horarios con tareas innecesarias y compromisos sociales.

Como introvertidos, y como adultos a cargo de nuestro propio cuerpo y mente, podemos optar por no saltar al carro de los compromisos excesivos y la forma de hacerlo es reemplazando nuestros ansiosos y agradables "*sí*" por corteses pero firmes "*no.*"

Cuanto más respondemos que sí a las demandas de los demás, menos tiempo tenemos para la creatividad, el pensamiento crítico y la innovación. Sin embargo, decir que "*no*" es difícil. Tememos que se nos considere groseros o egoístas si no cumplimos. No queremos ser malos y no queremos causar conflictos. En consecuencia, nos permitimos estar sobre comprometidos como todos los demás.

Curiosamente, decir que *"no"* puede ser un medio para decir que sí a algo mejor. Nuestra vida está definida por nuestras elecciones. Tenemos que decidir qué merece nuestra energía y nuestra atención en este momento, y qué no. Debemos eliminar la maleza para que las rosas puedan florecer.

Hay muchas formas sobre cómo decir que *"no."* Aparentemente, esta palabra de dos letras nos despierta tanta ansiedad que necesitamos un guión para amortiguar su golpe. La palabra *"no"* puede rellenarse con frases adultas, como: *"Tengo otras prioridades"* o *"me gustaría, pero no tengo tiempo"* o *"déjame pensarlo y te respondo luego."* O si eres muy valiente, puedes soltar todos los lujos y excusas y simplemente decir que no. La palabra *"no"* por sí sola es una oración completa. Posiblemente cuanto más digamos que no, más nos considerarán egoístas, aburridos, antisociales y distantes, pero más felices seremos.

Capítulo 8

LIDERAZGO Y LOGROS

Existe una creencia de larga data de que una personalidad extrovertida es más efectiva como líder o gerente. Los extrovertidos solían ser representados como los grandes jefes que podían controlar e inspirar a una habitación llena de empleados. Naturalmente imaginamos que los líderes son personas que pueden inspirar solo con el sonido de su voz, como Martin Luther King. Jr.

Según un artículo del 2009 publicado en la revista *"Industrial and Organizational Psychology"*, los investigadores clínicos Deniz Ones y Stephan Dilchert realizaron una encuesta a altos ejecutivos. Los resultados de esa encuesta mostraron que el 96% de los líderes y gerentes informaron ser extrovertidos. También descubrieron que solo el 6% de esos ejecutivos consideraban la introversión como una ventaja para los líderes corporativos.

¿Ese estereotipo es acertado?

Bueno, en el mundo del siglo XXI el reinado del extrovertido puro como el mejor tipo de líder ha terminado. La extroversión no necesariamente es una buena cualidad en un líder y todo depende del contexto.

En un estudio del 2010, Adam Grant, Francesco Gina y David A. Hofman investigaron el tema del tipo de personalidad (introvertido/extrovertido) para determinar su efectividad en posiciones de liderazgo. Para su primer estudio, realizaron un análisis de campo de 130 franquicias de entrega de pizza en una ciudad universitaria de alto volumen. Los resultados mostraron que los líderes extrovertidos eran más efectivos en términos de rentabilidad en comparación con los líderes introvertidos. ¿Por qué sucedió esto?

Algunas veces una empresa necesita a alguien que piense rápido y que pueda actuar instintivamente. En este escenario, los líderes extrovertidos no vacilan a favor de analizar una situación. Estos tipos de líderes funcionan bien en un campo altamente exigente y de ritmo rápido, como una franquicia, tal como se describe en el estudio. Un ambiente ocupado y sin momentos para descansos o para recargar una batería social es el territorio perfecto para el extrovertido.

Los líderes extrovertidos tienen grandes fortalezas, especialmente en entornos laborales estresantes y agresivos donde la comunicación y la velocidad son primordiales. Además, pueden ayudar a motivar a los más pasivos de sus trabajadores. A primera vista, puedes asignarle a un líder extrovertido una excelente calificación en liderazgo, aunque te adelanto que no funcionará bien universalmente. Como dijimos antes, depende.

Una de las debilidades del líder extrovertido es el hecho de que podría sentirse amenazado por los empleados fuertemente motivados. El líder puede sentir que su posición está siendo desafiada y que los empleados muy proactivos y muy auto dirigidos pueden atraer un gran interés y atención. Como resultado, los líderes extrovertidos pueden desalentar a los trabajadores motivados y a aquellos que sean muy proactivos. Para compensar la *"amenaza"*, pueden cambiar la atmósfera de una compañía a una de subordinación, miedo e incluso frustración. Si bien la asertividad de los líderes extrovertidos es buena, es posible que sepulten la creatividad de sus empleados. Por lo tanto, cuando se trata de una gestión eficaz, el líder extrovertido puede no maximizar la productividad real del grupo.

Nate G. es un buen ejemplo de un líder extrovertido. Él era jefe del departamento de cobranza de un banco. Nate estableció un sistema de incentivos para sus empleados y eran recompensados mensualmente cuando alcanzaban sus metas. Eso resultó en una disminución de las deudas pendientes por cobrar y su tenaz insistencia en que sus trabajadores cumplieran sus objetivos era una de sus mayores fortalezas. Sin embargo, Nate tenía una debilidad: Sus empleados le tenían miedo. Desaparecían detrás de las pantallas de sus computadoras cada vez que caminaba por el pasillo. La tasa de rotación de ese departamento era alta porque los empleados renunciaban debido a la ansiedad y eventualmente el banco comenzó a sufrir pérdidas porque tenían que seguir entrenando a nuevos trabajadores.

¿El introvertido es un mejor líder?

En su estudio de seguimiento, Grant reclutó a 163 estudiantes universitarios. La tarea principal de los estudiantes era doblar tantas camisetas en diez minutos como les fuera posible. Esta vez los investigadores introdujeron otra variable entre los participantes: pasividad/proactividad. Dividieron a los estudiantes en dos grupos: miembros pasivos y miembros proactivos. Los miembros pasivos tenían líderes extrovertidos y los miembros proactivos tenían líderes introvertidos.

Lo que ocurrió fue que los líderes introvertidos instruyeron a los participantes a usar sus propias técnicas innovadoras para hacer el trabajo más rápido y los resultados de este estudio fueron completamente diferentes a los resultados del estudio anterior. El grupo proactivo liderado por líderes introvertidos dobló un 28% más de camisetas que aquellos con líderes extrovertidos.

En este caso, los líderes introvertidos permitieron a los estudiantes participar en la realización de la tarea, escucharon a los participantes, mostraron que valoraban su opinión y permitieron a los participantes aportar su creatividad para el cumplimiento de la tarea. Definitivamente, en este estudio los líderes introvertidos se destacaron en el liderazgo.

Evidentemente, en algunos entornos de trabajo los líderes introvertidos serán mejores, y todo depende del contexto y la tarea que se tenga entre manos. Sin embargo, si eres un líder introvertido, existen inconvenientes si permites que tu introversión se salga de control. Cuando necesites tiempos de *"inactividad"*, tu primer instinto puede ser ir a tu oficina y cerrar la puerta. Tal vez incluso podrías ponerte los auriculares y subir la música. Si eso sucede, puedes enviar señales a tus empleados para que se guarden sus comentarios. Un ejemplo es Ted S., quien era un típico líder introvertido. Fue nombrado jefe del departamento de ventas de automóviles en una gran concesionaria, entrenó a sus vendedores, les enseñó a idear sus propias estrategias y siempre tuvo en cuenta las limitaciones presupuestarias de los clientes. Las ventas de automóviles rápidamente se triplicaron. Sin embargo, su debilidad lo lastimó. A veces Ted vagaba por el patio de ventas y sus empleados no podían encontrarlo cuando necesitaban de su opinión. Sus trabajadores comenzaron a reunirse en grupos, a hablar de él a sus espaldas, y como resultado, Ted comenzó a perder el respeto de algunos de sus subordinados.

Por lo tanto, si bien es importante maximizar tus puntos fuertes como introvertido, también es importante saber cómo te pueden afectar tus debilidades.

En su artículo publicado el 2013 para *Psychological Science*, Adam Grant, famoso por su investigación sobre la extroversión e introversión en el liderazgo, realizó un estudio de los líderes de ventas en una compañía de software. Para este estudio consideró tres tipos de personalidad: el extrovertido, el introvertido y el ambivertido. Recordemos que el ambivertido ha desarrollado la capacidad de deslizarse del estilo de liderazgo extrovertido al estilo introvertido y vice versa.

Los resultados del estudio fueron sorprendentes. Grant descubrió que el grupo introvertido ganaba la menor cantidad de dinero, el grupo extrovertido ganaba un poco más de dinero, pero los ambivertidos ganaban el máximo

En conclusión, Grant dijo, *"Los ambivertidos logran una mayor productividad de ventas que los extrovertidos y los introvertidos debido a que se involucran naturalmente en un patrón flexible de hablar y escuchar. Es probable que los ambivertidos expresen suficiente asertividad y entusiasmo para persuadir y cerrar una venta, pero están más inclinados a escuchar los intereses de los clientes y son menos vulnerables a parecer demasiado entusiasmados o demasiado confiados. El líder requiere la capacidad de adaptarse. Los líderes no tienen el lujo de retirarse a sus zonas de confort de introvertido o extrovertido, sino que deben ser ambivalentes y tener una actitud flexible dependiendo de la situación."*

Enfocándonos exclusivamente en el tema del liderazgo, aunque puede ser incómodo cambiar tu patrón de personalidad, solo piensa en la satisfacción que experimentarías si pudieras pasar de la extroversión a la introversión para cumplir con las situaciones particulares que enfrentarás. El liderazgo abarca escuchar, preocuparse, validar las inquietudes y solicitar la participación de los empleados. También incluye lograr que otros escuchen tus visiones, sigan tus instrucciones y sean productivos. Tanto los líderes extrovertidos como los introvertidos pueden tener éxito, dependiendo del campo de trabajo, los niveles de interés, las habilidades de los empleados, el entorno de trabajo y el apoyo de los empleados. Ambos tipos de líderes tienen sus fortalezas y debilidades distintivas, pero el estilo de los líderes más efectivos es el que tiene la capacidad de moverse de un extremo del espectro al otro según la necesidad.

Capítulo 9

RELACIONES DE
PERSONALIDAD MIXTA

Una de los temas más interesantes para muchas personas cuando se trata de un comportamiento extrovertido e introvertido es cómo sus personalidades afectan el amor y las relaciones. En otras palabras, ¿Es mejor tener una pareja con un tipo de personalidad similar? ¿O son mayores los beneficios al estar con alguien con una perspectiva y un estilo de vida diferente?

En el núcleo de las diferencias entre introvertidos y extrovertidos en las relaciones, terminamos con un dilema común. El extrovertido quiere salir y recargar su batería social mientras que al hacerlo tiene el efecto opuesto sobre el introvertido, que prefiere quedarse y revitalizarse en la paz y tranquilidad de su hogar. El extrovertido también desea interactuar constantemente y pasar tiempo con el introvertido, quién necesita soledad de vez en cuando. Teniendo en cuenta estas perspectivas opuestas, vale la pena echar un vistazo más profundo.

En primer lugar, es importante conocer los límites y las motivaciones de los demás. Para los extrovertidos, ¿Cuánto tiempo pueden pasar en casa solos o con su pareja introvertida, viendo la televisión juntos, compartiendo una comida o incluso sin interactuar? Y para los introvertidos en la relación, ¿Cuánta socialización es agradable, o al menos manejable antes de que se vuelva agotadora y abrumadora?

En un capítulo anterior aprendimos que el simple hecho de exhibir tendencias conductuales extrovertidas, incluso si eres introvertido, puede conducir a una mayor sensación de felicidad. Por lo tanto, para los introvertidos tener un compañero extrovertido para compartir experiencias sociales puede ser muy beneficioso siempre y cuando el compañero extrovertido en la relación realice la mayor parte de la socialización y quite cualquier atención indeseada del introvertido para proporcionarle comodidad y estabilidad, permitiendo que el introvertido se sienta más relajado y confiado en las situaciones sociales. En este caso, el extrovertido obtiene la energía social que necesita mientras que el introvertido tiene más sentimientos positivos sobre la interacción de lo que suele hacerlo.

Lo principal es que ambos miembros de la relación comprendan las necesidades de su pareja y no lo tomen personalmente cuando esas necesidades no se alinean con lo que quieren. No hay ningún problema oculto cuando el introvertido no quiere asistir a esa fiesta con los amigos de la pareja extrovertida, al igual que no hay nada malo cuando el extrovertido decide pasar la noche socializando con amigos en lugar de ver una película en casa.

La mejor manera de encontrar un equilibrio saludable es participar en actividades que contribuyan a los objetivos de ambas personas. Es poco probable que los introvertidos disfruten de pasar horas en un bar abarrotado y los extrovertidos pueden ser propensos al aburrimiento en situaciones con menores requisitos sociales o estimulación. Entonces, ¿Cuál es el ambiente adecuado? Los compromisos pueden variar desde explorar tiendas, viajar juntos, jugar videojuegos, ir al cine en vez de ver películas en casa, o incluso buscar intereses diferentes mientras disfrutan de la presencia del otro en el mismo lugar físico.

Hay muchas formas en que las parejas de personalidad mixta pueden pasar tiempo juntos mientras satisfacen sus necesidades. Tomemos el viajar como un ejemplo. El introvertido en la relación puede disfrutar de la planificación de los detalles del viaje: reservar el pasaje aéreo, leer las reseñas para encontrar el alojamiento perfecto, etc. Al llegar al destino, el extrovertido puede aliviar la presión social del introvertido haciendo una pequeña charla cómoda con el taxista o con otros turistas con la esperanza de hacer nuevos amigos para compartir las aventuras. De esta manera, la experiencia de viaje puede ser mejor para ambos, ya que pasan más tiempo haciendo las cosas que disfrutan mientras que cada parte realiza las actividades que el otro considera menos deseables.

Si bien compartir muchos rasgos de personalidad puede hacer que una relación sea más fácil, son las diferencias las que lo hacen mucho más interesante y valioso para tu vida. En general, una pareja complementaria te puede permitir hacer lo que haces mejor y no preocuparte por lo que odias.

Estrés y apoyo emocional

Uno de los problemas que separa a las parejas de personalidad mixta es la forma en que manejan el estrés y otras negatividades. Un estudio del 2007 realizado por Lesley Verhofstadt sugiere que los introvertidos no tienden a buscar apoyo social cuando están estresados. De esto se puede inferir que los introvertidos pueden, por lo tanto, estar menos dispuestos a brindar apoyo emocional cuando sus parejas lo necesitan, ya sea porque no comprenden la necesidad o simplemente porque carecen de las habilidades de comunicación para expresar bien su apoyo emocional, o ambos.

Los introvertidos tienen una tendencia natural a internalizar más, por lo que pueden callar las cosas que les molestan o buscar otras salidas para su negatividad en un intento de evitar lo que se ve como una confrontación innecesaria, o simplemente para preservar su limitada batería social. En estos casos es probable que los extrovertidos tengan que hacer palanca y guiar a su pareja introvertida si desean tener una comunicación más abierta.

Todo esto no quiere decir que las relaciones de personalidad mixta solo puedan tener éxito si el introvertido se vuelve más extrovertido. La clave en cualquier tipo de relación es el equilibrio y eso significa que el introvertido debe tener suficiente tiempo de inactividad para sentirse energizado y el extrovertido debe tener suficiente interacción social para sentirse con energía, y todo eso sin que nadie se sienta lastimado.

En los siguientes capítulos aprenderás técnicas prácticas para optimizar tu energía introvertida y para tener éxito en una sociedad extrovertida.

Capítulo 10

LAS 3 MEJORES FORMAS DE OPTIMIZAR TU ENERGÍA INTROVERTIDA

"Pasa tu tiempo libre de la manera que quieras, no de la manera que crees que se supone que debes hacerlo." – Susan Cain

Para proteger nuestra energía introvertida debemos ser diligentes a la hora de mantener nuestra vida lo más eficiente posible, a la vez que elegimos nuestros compromisos y relaciones de forma inteligente. A continuación, te daré mis mejores consejos para optimizar tu energía.

Optimiza tu vida

Los introvertidos tienden a sobresalir en entornos que ofrecen espacio para el tiempo de silencio, el espacio personal y la reflexión. Una vida que está llena de demasiadas obligaciones inútiles e interacción social, agotará rápidamente tu energía.

Toma un momento para escribir una lista de todas las personas, lugares y obligaciones en tu vida que te hacen sentir agotado y abatido. En primer lugar, tu lista puede incluir amigos con los que nunca te has conectado de verdad, obligaciones sociales que te desagradan, una pareja romántica que te consume la vida, y un ambiente de trabajo demasiado concurrido o acelerado.

Ahora haz una lista de todas las personas, lugares y obligaciones en tu vida que te hacen sentir feliz y lleno de energía. Esta lista puede incluir tiempo en la naturaleza o con amigos cercanos que te entienden. También podría incluir actividades como trotar o leer.

Por favor toma unos minutos y hazlo.

¿Qué lista es más larga? Si es la primera, es hora de comenzar a eliminar la mayor cantidad posible de esos chupadores de energía y comenzar a reemplazarlos con las cosas que te dan energía, aunque esto puede ser más fácil decirlo que hacerlo. Muchos introvertidos suelen negar sus verdaderos deseos y necesidades innatas para hacer lo que la sociedad nos dice que debemos hacer, pero como dice el famoso autor introvertido, Chris Guillebeau: *"No tienes que vivir tu vida como otras personas esperan que lo hagas."*

Es un concepto tan simple, y, sin embargo, muchos introvertidos se resisten a la idea de que pueden ser los maestros y creadores de su propia vida.

Haz ráfagas más cortas de socialización

Administrar tus obligaciones sociales sabiamente es una de las mejores maneras de proteger tu energía introvertida. La mayoría de los introvertidos se agota rápidamente por actividades sociales que implican mucha interacción. Esto no significa que no nos guste socializar, pero sí significa que debemos ser realmente diligentes sobre cuánto tiempo le dedicamos.

Una excelente manera de optimizar tu energía introvertida es simplemente hacer ráfagas más cortas de actividad social. Si eres como yo, probablemente comiences a sentirte realmente exhausto y un poco irritable después de un cierto período de tiempo de socialización. El marco de tiempo podría ser de treinta minutos o tres horas. La clave está en saber cuánta interacción social puedes disfrutar antes de sentirte agotado.

Resiste la tentación de quedarte más tiempo o comprometerte con más tiempo solo porque otras personas digan que debes hacerlo. La gente podría decir que eres un aguafiestas. Ignóralos. Cuando proteges tu tiempo y energía, estarás más presente y comprometido cuando socialices.

Encuentra a tu gente

Los introvertidos sabemos cómo se siente estar al margen y ser un observador silencioso. Regularmente nos encontramos en el exterior mirando hacia adentro. Por lo general, mantener nuestra distancia es una preferencia personal, pero hay algunas excepciones. La verdad es que a veces queremos involucrarnos e interactuar, pero nos sentimos inhibidos por las circunstancias. Un círculo acogedor de fogata de veinte personas puede parecer más un infierno superpoblado. Las fiestas en casa nos hacen sentir como animales de circo (encadenados y obligados a actuar).

Como introvertidos luchamos con ciertas dinámicas grupales. Éstas incluyen:

- Llegar a un grupo ya formado donde todos se conocen.
- Hablar con más de dos o tres personas a la vez.
- Fiestas en casa donde las actividades principales son beber.

- Tratar de conversar con personas con las que no tenemos nada en común.

Como introvertidos no siempre encajamos, pero podemos encontrar placer y satisfacción cuando nos encontramos con nuestra tribu. Tu tribu se compone de las personas que comparten tus creencias fundamentales y tu cosmovisión. La tribu de un introvertido podría ser más pequeña que la de un extrovertido, pero aun así ofrece grandes beneficios.

Las personas de tu tribu te darán energía. Socializar con ellos es mucho más fácil y menos agotador porque no tienes que perder tiempo explicando por qué haces ciertas cosas. Ellos te entienden, te aceptan, y tú alegremente correspondes.

Para encontrar a tu tribu sé realmente claro sobre quién eres y qué es lo que quieres. Descubre tu *"por qué"* en la vida. Como dijo Jack Canfield: *"Aclara tu propósito. ¿Cuál es el 'por qué' detrás de todo lo que haces? Cuando sabemos esto en la vida el camino es más claro."* Recuerda, todo comienza con abrazar a quién realmente eres. En palabras del sabio Dr. Seuss: *"Se quién eres y di lo que sientes, porque a quienes le importas no les importa, y a quienes le importa no le importas."*

Capítulo 11

PLAN DE SUPERVIVENCIA SOCIAL

Los introvertidos no somos conocidos por ser el alma de la fiesta en los eventos sociales, sino más bien por marcharnos temprano o sencillamente por no presentamos. Por lo general, cuando nos presentamos dispuestos y mentalizados a pasar un buen momento, solo descubrimos que nos quedamos sin energía social en la primera media hora. ¿Y qué?

A los introvertidos nos gusta vivir dentro de nuestra cabeza. Se siente seguro allí. Podemos observar en silencio y reflexionar sobre lo que está sucediendo a nuestro alrededor, sin tener que decir nada. Hablar, después de todo, es agotador para los introvertidos... y escuchar también.

Y ahí radica el problema con los eventos sociales. Por lo general, hay mucho que hablar. Y no solo eso. El ambiente en la mayoría de los eventos sociales es ruidoso, saturado y toda esa estimulación externa hace que los introvertidos quieran volverse hacia adentro aún más.

Afortunadamente, hay formas en que podemos sobrevivir incluso en los eventos sociales más temidos y lo mejor de todo es que no tenemos que *"curar"* nuestra introversión, o ser falsos extrovertidos para lograrlo. A continuación, veremos algunos elementos esenciales para ayudarte a atravesar exitosamente cualquier evento.

Esto te podría sorprender

Las fiestas no tienen que ser superficiales. No tienen que ser aburridas. Y ciertamente no tienen que ser una fuente de temor y culpa. Es posible que los introvertidos sobrevivan y prosperen en las fiestas. Y no solo eso. Las fiestas son una gran oportunidad para que los introvertidos expandan su zona de confort, establezcan conexiones significativas y generen confianza. Si todo eso suena atractivo, pero improbable para ti, sigue leyendo. En este capítulo te presento mis 7 pasos para ayudarte a sobrevivir a cualquier evento social con estilo: El estilo introvertido.

Paso 1: Prepárate por adelantado

Una de las razones por las que los introvertidos sufren en las fiestas es porque no hacemos nada para prepararnos para el futuro. Nos presentamos en el gran evento esperando sentirnos abrumados y aburridos, por lo que no es sorprendente que lleguemos y nos sintamos abrumados y aburridos.

Una cosa que siempre hago antes de un evento de *"intensa"* socialización es reducir la estimulación tanto como sea posible. La razón principal por la que no nos gustan las fiestas es porque el ambiente de la fiesta puede parecer un asalto sensorial para los introvertidos. Después de un corto período de tiempo ya queremos girar hacia nuestro interior para terminar con el ataque y para manejar tanta estimulación tiene sentido hacer un poco de privación sensorial antes de salir.

Hay muchas formas fáciles de disminuir la estimulación durante el día. Para empezar, podemos reducir el ruido apagando el televisor y pasando un tiempo en silencio. Muchos introvertidos son amantes de la música y siempre están escuchando algo de fondo. Aunque la música puede ser calmante a veces, sigue siendo una forma de estimulación. Por lo tanto, prueba este truco: Intenta pasar un par de horas en un ambiente en completo silencio antes de tu próximo evento social.

Enfoque

Otra forma sorprendente en la que podamos abastecernos de combustible para un evento social es eligiendo actividades enfocadas en lugar de cambiar de una tarea a otra. La multitarea es mentalmente agotadora para los introvertidos, quienes tardan más en volver a enfocarse después de ser interrumpidos. La multitarea consiste básicamente en interrumpir una tarea para cambiar a otra, una y otra vez. Eso no solo es improductivo, sino que también es una receta para la sobrecarga.

Un mejor enfoque para los introvertidos es agrupar las tareas relacionadas y realizarlas sin interrupción. Por ejemplo, podríamos hacer todas nuestras actividades creativas, como escribir y hacer lluvia de ideas por la mañana. Luego de eso, trabajar en las tareas administrativas, como responder a los correos electrónicos, por la tarde. Esto evita que desperdiciemos energía mental al cambiar constantemente entre tareas no relacionadas.

Yo soy un fanático de la técnica Pomodoro y te recomiendo que lo intentes. La Técnica Pomodoro es un sistema de gestión del tiempo desarrollado por Francesco Cirillo en los años 80 y para utilizarlo tienes que seguir las siguientes reglas:

- Trabajar únicamente y completamente enfocado en la actividad durante bloques de 25 minutos.
- Si por algún motivo debiste interrumpir el bloque de trabajo, este no cuenta como un bloque terminado y debes comenzar otra vez con un bloque de 25 minutos.
- Después de un bloque de trabajo de 25 minutos debes tomar un descanso de 5 minutos, y después del 4to bloque de 25 minutos debes tomar un descanso de 15 minutos. Lo que hagas en el descanso depende de ti, pero la idea es que hagas algo que te relaje.

Veamos la secuencia de bloques de trabajo y descanso:

- 25 minutos escritura
- 5 minutos descanso
- 25 minutos escritura
- 5 minutos descanso
- 25 minutos escritura
- 5 minutos descanso
- 25 minutos escritura
- 15 minutos descanso

Puedes hacer esta secuencia usando un temporizador, aunque existen varias aplicaciones un poco más sofisticadas que funcionan en la web o las puedes instalar en la computadora o en tu Smartphone. La aplicación que yo utilizo se llama Pomotodo y la puedes encontrar en www.

pomotodo.com. Además de ayudarte con tu enfoque, esta técnica te permite llevar un control de tu productividad y funciona de maravillas.

Bueno, volviendo al tema de prepararte por adelantado al evento social, si es posible, es mejor realizar actividades que ofrezcan la cantidad justa de estimulación antes de una noche de intensa socialización. Esto puede diferir de un introvertido a otro. Para mí, escribir proporciona la cantidad perfecta de estimulación involucrándome mentalmente sin causar agobio, aunque para otros leer o trabajar en un proyecto de arte puede sentirse bien.

La intención es todo

Otra excelente forma de prepararse para cualquier evento social consiste en establecer una intención antes de tiempo. Una intención es un objetivo o un propósito claro. A menudo parece que los eventos sociales no tienen sentido y salimos con obligación o culpa, pero podemos darle un propósito.

La clave está en decidir de antemano qué es lo que queremos sacar de la experiencia. *¿Es para hacer amigos? ¿Es para practicar nuestras habilidades de conversación? ¿Para conectarse a un nivel más profundo con al menos una persona? ¿Para practicar estar presente en medio de las distracciones? ¿O para mostrar aprecio a quien sea con quien estemos hablando?*

Observa cómo comencé a ser bastante específico con los ejemplos anteriores. Reducir nuestra intención más grande en intenciones más pequeñas y más específicas hace que sea más fácil cumplir con nuestro propósito. Hacer amigos podría ser nuestra intención más amplia y de largo plazo, pero esta noche, simplemente nos enfocaremos en un único aspecto. Sabemos que estar verdaderamente presentes nos hace atractivos y agradables, por eso lo convertimos en nuestro principal objetivo.

Hay evidencia científica que apoya el poder de la intención cuando se busca la conexión social. En un estudio realizado por Arthur Aron, establecer una intención ayudó a los introvertidos a profundizar en sus conexiones sociales en solo 45 minutos. En el estudio se emparejó a extraños y se les dio una serie de 36 preguntas para hacerse entre sí, algunas más personales que otras. Cuando se emparejó a extrovertidos, estos en su mayoría informaron sentirse más conectados. Sin embargo, los introvertidos únicamente lograban sentir una profunda conexión cuando se les decía explícitamente que usaran el ejercicio con el propósito de conectarse.

Paso 2: Llega con confianza

Para muchos introvertidos, la escena de una fiesta es el lugar donde nuestra autoestima se desploma. Podemos ser totalmente seguros de nosotros mismos en el trabajo, o con nuestros amigos más cercanos, pero en las fiestas nos sentimos fuera de lugar. En realidad, eso es un eufemismo. Nos sentimos como un gnomo de Navidad en una celebración de Hanukkah.

De repente, es como si nuestros cuerpos fueran un vehículo extraño para el cual nunca recibimos el manual de instrucciones. *¿Qué hago con mis brazos? ¿Doblarlos o ponerlos en mis bolsillos? ¿Y qué hay de mi cara? Debe sonreír. No, no como un paciente psiquiátrico. Inténtalo sin los dientes. ¿Esto cuenta como una sonrisa?*

Sentirse confiado solo en ciertos entornos y totalmente inseguro en los demás se llama *"confianza situacional."* Para sentirse verdaderamente a gusto en las fiestas o eventos sociales es importante desarrollar la confianza central. Este tipo de confianza auténtica se construye desde adentro hacia afuera y perdura sin importar dónde estemos.

Lo que confunde a la gente con la confianza es que creemos que es como un interruptor de luz que simplemente activamos según sea necesario, pero en realidad es más como una llama que necesita ser alimentada continuamente para brillar más intensamente.

Construir la confianza central requiere de tiempo, esfuerzo y algo en lo que los introvertidos prosperamos: una buena dosis de introspección. Aquí hay un ejercicio para ayudarte a comenzar.

Responde las siguientes preguntas:

- ¿Cuáles son mis temores sobre ir a la fiesta?
- ¿Cuál es el miedo detrás de ese miedo? (Por ejemplo, si tienes miedo de que nadie te hable, es probable que el temor detrás de ese miedo sea el rechazo). Y cuál es el miedo detrás de ese miedo, y así sucesivamente.
- Ahora enumera todas las pruebas que tengas que vayan en contra de este temor (por ejemplo, cuando hayas sido bienvenido y aceptado en vez de rechazado).

El aspecto más importante de este ejercicio está en pasar mucho tiempo explorando la evidencia en contra de nuestro miedo. El ego siempre está buscando pruebas, por lo que también podemos darle una prueba que funcione a nuestro favor.

De hecho, la mayoría de nosotros somos aceptados muchas más veces de las que somos rechazados. Es solo que a nuestro cerebro le gusta enfocarse en los resultados negativos. Sin duda es un mecanismo de supervivencia de nuestros días de hombre de las cavernas. Si bien nuestro enfoque negativo es excelente para evitar frutos venenosos y para escapar de animales salvajes, no es tan bueno para nuestra autoestima.

Una parte importante de elevar nuestra autoestima consiste en trabajar desde dentro hacia afuera para reconectar nuestro cerebro. Así, lentamente aprenderemos a eludir nuestra negatividad de hombre de las cavernas y a crear una mentalidad de confianza.

Paso 3: Conoce tus ciclos sociales

Una de las razones por las que los introvertidos sufren tanto en los eventos sociales es porque nos presionamos demasiado para estar siempre *"encendidos."* En este mundo extrovertido en el que vivimos, se da a entender que mientras más ocupado estés, es mejor, y cuantas más actividades puedas incluir en tu semana, más feliz serás.

Esto lleva a los introvertidos a decir *"sí"* cuando cada molécula de nuestro ser está gritando *"¡no!."* Nos hacen sentir mal por quedarnos sin energía social a mitad del fin de semana mientras todos los extrovertidos están de fiesta en fiesta. Desafortunadamente, el velocímetro social de nuestra sociedad solo registra la velocidad extrovertida. Los introvertidos preferimos un enfoque más lento de la vida.

A veces, podemos seguir el ritmo de los extrovertidos, pero es solo por un breve tiempo antes de que tengamos que tomar un descanso y volver a mirar hacia adentro. En lugar de honrar nuestra necesidad de reducir la velocidad, tratamos de obligarnos a continuar a una velocidad extrovertida, pero empujarnos demasiado durante demasiado tiempo conduce inevitablemente a algún tipo de choque. Nos enfermamos, entristecemos, nos agotamos o todo lo anterior.

Esta no es la forma correcta de acercarse a la socialización o cualquier otro aspecto de nuestra vida. Los introvertidos estamos mucho mejor si comprendemos y honramos nuestros ciclos sociales. Por experiencia, la mayoría de los introvertidos pueden estimar aproximadamente cuánta energía social tendrán para un evento específico y cuánto tiempo demorará en agotarse. Por ejemplo, podríamos haber notado que solo podremos pasar alrededor de una hora en una fiesta antes de que empecemos a desvanecernos.

En las reuniones más pequeñas donde conocemos a la mayoría de los invitados, podemos durar más tiempo, tal vez incluso prolongarnos felizmente durante dos o tres horas. El punto es que, si conocemos el marco de tiempo con el que tenemos que trabajar, podremos planificar en consecuencia. Si sabemos que tenemos un gran evento el viernes, por ejemplo, podríamos programar un tiempo de inactividad adicional para el jueves y el sábado.

Paso 4: Siempre ten un plan de escape

A menudo, los introvertidos quedamos atrapados en los eventos sociales mucho después de que nuestras baterías sociales se agotan. Esta es la razón por la que el uso compartido del automóvil puede ser perjudicial para los introvertidos, especialmente si tenemos un amigo extrovertido que gana fuerza a medida que avanza la noche. Un plan mejor sería compartir un vehículo con un compañero introvertido o viajar solo. Para ilustrar mi punto, permíteme compartir una experiencia espeluznante con la que probablemente puedas relacionarte.

Hace un tiempo estuve cautivo en mi propia casa y me vi en la obligación de hablar hasta que agoté totalmente mi batería social. No se permitió el silencio, y si no hablaba, tenía que escuchar. Verás, hicimos un pequeño asado en mi casa para reunirnos con otra pareja y su pequeño hijo. Todo duró solo unas tres horas, pero las sentí como si hubieran sido treinta. Apenas veinte minutos después de haber iniciado el evento, ya quería recargar mi energía, pero no pude, porque había descuidado lo que ya sabía que era una estrategia crucial de supervivencia introvertida: Siempre tener un plan de escape.

Por lo general, soy diligente al respecto de esta importante táctica de supervivencia. Es la razón por la que no participo en viajes grupales o en salidas de fin de semana con grupos de amigos. Sin embargo, a veces simplemente no puedo evitar romper la regla y luego, por supuesto, pago por mi error.

¿Tal vez hayas experimentado algo similar? Aceptas una invitación e involuntariamente te conviertes en cómplice de tu propio destino. Tu intuición introvertida te dijo que algo estaba mal, percibiste un olor a formaldehído, pero no te diste cuenta de la fuente hasta que fue demasiado tarde.

Los viajes en grupo, los viajes de campamento y las salidas de fin de semana levantan banderas rojas internas para nosotros, ya que hacen que escapar sea casi imposible. En tales circunstancias hay demasiadas oportunidades para abrumarnos y sentir culpa.

Alguien podría traer a su pareja nueva a quien todo el mundo adora de inmediato... excepto tú. Entonces eres el malo por retroceder ante el sonido de su voz. O el grupo puede decidir pasar la noche entera sentado en un círculo gigante conversando, mientras tu alternas entre soñar despierto y sentirte culpable por sentarte en silencio queriendo irte en todo momento sin llamar la atención como el aguafiestas.

La conclusión: Siempre ten algún tipo de plan de escape. Y si de alguna manera quedas atrapado, respira profundo y libera cada gramo de culpabilidad que se está gestando dentro de ti y haz lo que tengas que hacer. Disfruta o vete.

Paso 5: Amplía tu zona de confort

Como introvertido, probablemente te hayan dicho que *"salgas de tu caparazón"* o *"salgas de tu zona de confort."* A la gente no parece gustarle la idea de que los introvertidos nos sintamos cómodos estando solos.

Yo prefiero tomar un enfoque más amigable e introvertido para el crecimiento. En lugar de lanzarnos innecesariamente fuera de nuestra zona de confort, como un torpedo sin un objetivo, podemos expandir suavemente nuestra zona de confort. De la misma manera que una tortuga lleva su caparazón a donde quiera que vaya, los introvertidos también pueden traer consigo una capa de comodidad y protección. En situaciones sociales, esto podría significar *"exponernos"*, pero teniendo a un amigo leal a nuestro lado para que no nos sintamos abrumados. En un viaje grupal, podría ser tan simple como ir en tu propio automóvil para usarlo como tu refugio en cualquier momento.

A menudo, expandir nuestra zona de confort tiene más que ver con un cambio de mentalidad que con tomar medidas drásticas. Se trata de estar abierto a mirar las cosas de manera diferente. Por ejemplo, podríamos ver una fiesta como un experimento que nos permite practicar todo este asunto de expansión de nuestra zona de confort. Ver algo como un experimento en lugar de una prueba a veces lo hace divertido.

Generalmente este es el tipo de ajuste mental que motiva a los introvertidos orientados a objetivos a probar cosas nuevas. Parte del experimento consiste en prestar atención a cómo se sienten las cosas. Sólo recuerda lo siguiente: Si no se siente bien, no tenemos que repetir el experimento. Luego podremos intentar algo diferente.

Paso 6: Pequeñas charlas

Las pequeñas conversaciones tienen un efecto perturbador sobre los introvertidos y nos empujan a los bordes de la habitación. Es la razón por la que somos reacios a conocer gente nueva.

Nuestra aversión por las conversaciones triviales puede hacer que algunas personas piensen que somos socialmente ineptos o antisociales. Suponen que no nos gustan las personas, pero en realidad, lo opuesto es verdad.

Los introvertidos reconocen que las pequeñas conversaciones crean límites entre las personas. Desafortunadamente, nuestra cultura considera que las pequeñas conversaciones son una necesidad social. Wikipedia incluso llegó a describirlas como un *"lubricante social"*, lo que las hace parecer mucho más divertidas de lo que realmente son.

Las pequeñas conversaciones deben ser livianas, divertidas y evitar la profundidad y el significado. Las preguntas personales se consideran inapropiadas y se desalienta la muestra de cualquier emoción distinta a la felicidad o neutralidad.

La verdad es que una pequeña charla permite que dos personas tengan una conversación completa sin llegar a conocerse verdaderamente. Es como un juego de ajedrez donde ambos jugadores siempre conocen el próximo movimiento del otro. Es un intercambio predecible con resultados predecibles. Para los introvertidos, ese es uno de los obstáculos molestos que debemos atravesar y nos complacemos cuando conocemos a alguien que odia esta formalidad tanto como nosotros. Esperamos conocer a esa alma valiente que hace preguntas inapropiadas y se ríe de los momentos equivocados. Siempre estamos en busca de personas que anhelan la profundidad sobre la superficialidad.

Es nuestro deseo poder conectarnos a un nivel más profundo lo que hace que las conversaciones pequeñas sean tan molestas. Lo mejor es comenzar con un pequeño paso. Gracias a mi esposa extrovertida aprendí una gran estrategia de conexión para ayudarte a comenzar. Puede parecer un poco radical y aterrador al principio. La primera vez que intenté usar esta técnica de conexión sentí que estaba a punto de subir a un escenario frente a un centenar de personas... desnudo.

Lo dudé. Me preocupaba lo que pensaría la otra persona. Todo parecía muy antinatural, pero lo hice de todos modos. Y me complació descubrir que rápidamente llevó las conversaciones a un nivel más profundo y significativo.

Empecé a decir cosas como:

- *"No me gusta acampar, en absoluto"*
- *"Esto se siente incómodo"*
- *"Eso hirió mis sentimientos"*
- *"No"*
- *"Me siento abrumado"*
- *"Me molesta lo siguiente"*
- *"Estoy realmente orgulloso de eso"*

En otras palabras, comencé a ser honesto. Lo sé, suena muy simple, ¿Verdad? Y, sin embargo, en este momento decir lo que realmente piensas o sientes puede ser aterrador.

Nuestro propio ego nos dirá cualquier cosa para evitar que seamos honestos. Nos dice que las personas no nos querrán si decimos cómo nos sentimos verdaderamente. Dice que seremos débiles si mostramos alguna vulnerabilidad. Y sonará arrogante si mostramos orgullo por quiénes somos y lo que hemos logrado.

Pero la verdad es que LA VERDAD ES SEXY. Atrae a la gente y los hace bajar instantáneamente la guardia. Una advertencia honesta puede cortar la pequeña charla de raíz. Algo como...

- *"Para ser honesto, no voy mucho a fiestas. Me siento muy abrumado de estar aquí"*
- *"No soy un gran conversador, pero me gusta escuchar"*
- *"No. No quiero ir. Prefiero quedarme en casa y tener algo de tiempo para mí"*

Pruébalo. Puedes comenzar practicando con alguien con quien ya te sientas cómodo y ver cómo se siente.

Paso 7: Crea espacios de soledad

La sobre estimulación es la mayor amenaza para la supervivencia del introvertido. En eventos sociales, el ruido y los estímulos visuales son los culpables más amenazantes. Nuestro instinto natural es ir hacia la salida cuando comenzamos a sentirnos abrumados, pero a veces no estamos listos para irnos. Aunque estamos física y mentalmente agotados, vemos que todavía hay conversaciones interesantes y nos gustaría continuar.

Esto crea un gran dilema para los introvertidos. ¿Qué hacemos cuando sentimos que nos estamos desvaneciendo, pero aún no nos queremos ir? En este punto, la clave para sobrevivir al resto del evento es reducir la estimulación, y la mejor manera de bajar el volumen a los estímulos es creando espacios de soledad.

Alejarte lo más posible de la música y la gente ayuda. Dar un pequeño paseo por la cuadra también hace maravillas. Otra gran manera de recargar es acurrucarse con la mascota de la casa. Nada cura tanto el cansancio mental como jugar con un perro o con un gato amigable. Esta es una de mis estrategias favoritas porque es relajante y reconfortante. Además, jugar con una mascota parece mucho menos extraño que mecerse en una esquina con las manos en los oídos.

En algunos casos, incluso solo tomar algunas respiraciones profundas y lentas puede darnos el restablecimiento mental que necesitamos para sobrevivir. Otra práctica de atención plena que funciona muy bien es llevar un caramelo en el bolsillo. Cuando te sientas abrumado, saca el caramelo y antes de abrirlo frótalo entre los dedos para atraer toda tu atención a cómo se siente. Después de un momento, ábrelo y coloca el caramelo en tu boca y concéntrate completamente en la sensación mientras se disuelve en tu lengua. La razón por la que funciona este ejercicio es porque llama la atención a tus sentidos. Cuando estás completamente presente con uno o más de tus sentidos, te ves forzado a experimentar el poder rejuvenecedor del momento presente.

En el siguiente capítulo aprenderás a lidiar con una de tus cualidades que bien utilizada puede ser una enorme ventaja, pero si no la controlas, puede ser tu peor enemigo, incluso en la tranquilidad de la soledad.

Capítulo 12

CÓMO MANTENERTE SANO EN UN MUNDO DE SOBRECARGA DE INFORMACIÓN

E ste es un consejo especial, y a pesar de ser muy breve, decidí dejarlo en un capitulo independiente debido a su importancia. En este punto ya no debería sorprenderte saber que tienes un cerebro excesivamente activo que constantemente está lleno de ideas y sueños. Muchos de nosotros amamos alimentar nuestras mentes voraces con un flujo constante de dulces cerebrales: literatura, documentales, TED Talks, artículos interesantes y videos informativos de YouTube.

Gracias a ese ingenioso pequeño invento llamado *"Internet"*, tenemos acceso inmediato a toda la información que podamos desear, y mucho más.

Si eres como yo, y te encanta recibir consejos mágicos gratuitos en tu correo electrónico, es probable que tu bandeja de entrada rebose de toneladas de tentadora información.

Con toda la información que nos llega de tantas fuentes diferentes, es fácil sentirse abrumado. Nos volvemos como niños en una tienda de dulces. Estamos tan entusiasmados con todas las opciones que queremos devorarlo todo, pero luego nos damos cuenta de que tratar de hacerlo nos hará sentir enfermos, en este caso, enfermos de la cabeza.

Entonces, ¿Cómo podemos mantener nuestra cordura en un mundo de sobrecarga de información? Pues, ante todo...

Elige sabiamente

Sé que puede ser muy tentador tratar de meter tantos consejos gratuitos de autodesarrollo como puedas en tu cerebro, pero recuerda, tu tiempo es más valioso que el dinero. El dinero es un recurso renovable. El tiempo no es.

Es mucho mejor enfocarse en unos pocos recursos de alta calidad que tratar de asimilarlo todo. Una cosa que realmente me ha ayudado a elegir más hábilmente mis fuentes de información es centrarme en mentores en línea que comparten mis valores fundamentales. Por ejemplo, cuando busco asesoramiento comercial, busco información de emprendedores que ya hayan realizado el camino que yo quiero emprender y desecho el resto.

Ve por la profundidad en lugar de la amplitud

Usualmente este un consejo dorado que marcará la mayor diferencia. Esto significa que de los *10 consejos* que recibes, solo un punto resonará en tu mente. Teniendo esto en cuenta, una vez que encuentres ese punto dorado, detente y sumérgete más profundamente en esa área. Enfócate y delimita tus parámetros de búsqueda. Reflexiona sobre por qué ese tema es importante para ti en este momento, y cómo puedes explorarlo más a fondo.

Por ejemplo, hace un tiempo decidí aprender un poco de electrónica para desarrollar e instalar mis propias alarmas de seguridad en mi casa. Para ello busqué en YouTube y encontré un universo de cosas que podría realizar con el conocimiento básico que estaba obteniendo. A los pocos días me sentía demasiado abrumado porque no tenía el tiempo necesario para hacer todo lo que quería. Finalmente recordé mi objetivo inicial, y desarrollé un sistema que me informa cada vez que se abre la puerta principal de mi casa (lo comento sólo porque me quiero jactar) y el agotamiento mental desapareció.

Nota: A propósito de este consejo, te recomiendo que revises mi libro "Aprende como Einstein" en el que te enseñaré las técnicas de aprendizaje acelerado que he usado durante años para aprender todo tipo de cosas.

Capítulo 13

TUS TALENTOS OCULTOS

Ya estamos cerca del final del libro, y este es un tema que no quiero dejar de tocar. Muchos introvertidos mantienen sus talentos ocultos hasta que se sientan listos para compartirlos con el mundo. Laurie Helgoe describe bien esta tendencia: *"Los introvertidos mantienen sus mejores cosas adentro hasta que estén listos, y esto vuelve locos a los extrovertidos. La explicación del comportamiento del introvertido, según los extrovertidos, es que él o ella es antisocial."*

Sin embargo, hay muchas razones por las que elegimos mantener nuestras habilidades en secreto. No es porque seamos snob o antisociales. Tal vez nos sentimos más cómodos estando detrás del escenario en vez de pavoneándonos. Naturalmente, no queremos parecer arrogantes o jactanciosos. También podría haber un elemento de miedo. Desarrollar nuestros dones implica riesgos. Apostamos a nosotros mismos y esperamos no fracasar miserablemente y por extraño que parezca, también tememos a nuestro propio poder. Tememos alcanzar todo nuestro potencial y brillar. Como dice Marianne Williamson: *"Nuestro miedo más profundo no es que seamos inadecuados. Nuestro miedo más profundo es que seamos poderosos sin medida. Es nuestra luz, no nuestra oscuridad lo que más nos asusta. Nos preguntamos, ¿Quién soy yo para ser brillante, talentoso, fabuloso?"*

No debemos permitir que el miedo nos impida compartir nuestros dones. Ser modesto acerca de nuestros talentos es una cosa, pero retenerlos es algo completamente diferente. Como introvertidos, podríamos pensar que estamos haciendo algo noble encogiéndonos para que otros puedan brillar y confundimos la cobardía con la humildad.

Ya sea que nuestros talentos se desarrollen entre bastidores o en el centro de atención, nuestros dones únicos nos dan el poder de inspirar, crear conexiones y de marcar la diferencia. Cuando los guardamos para nosotros mismos, negamos a otros sus posibles beneficios. De nuevo, Williamson describe esta verdad brillantemente: *"Tu pequeñez no le sirve al mundo. No hay nada iluminado sobre la reducción para que otras personas no se sientan inseguras a tu alrededor. Todos debemos brillar, como lo hacen los niños... Y a medida que dejamos que nuestra propia luz brille, inconscientemente damos permiso a otras personas para hacer lo mismo. Al liberarnos de nuestros propios miedos, nuestra presencia automáticamente libera a los demás."*

Como introvertidos podemos preferir esperar una invitación explícita para compartir nuestros talentos. No solemos dar la respuesta en clase o ser el alma de las fiestas, pero un ligero empujón en la dirección correcta puede ayudarnos a dar el primer paso. Entonces, ahora voy a darte un pequeño empujón. Con el poder otorgado a mí como escritor introvertido, igual que tú, te pido compartir tus talentos con el mundo. Si prefieres hacerlo detrás de una cortina, está bien. Si prefieres mostrar que contar, incluso mejor. Lo importante es que encuentres la manera de darle al mundo lo que solo tú puedes dar y nunca tengas miedo de brillar a tu manera introvertida.

Capítulo 14

DE AQUÍ EN ADELANTE

"Puedes pensar que soy pequeño, pero tengo un universo dentro de mi mente." - Yoko Ono

E l estudio de los introvertidos tiene una historia larga e interesante, y las teorías psicológicas sobre la introversión continúan desarrollándose. Sin duda, la investigación tiene un largo camino por recorrer antes de desenmascarar completamente por qué somos lo que somos. Sin embargo, la investigación hasta la fecha ciertamente nos ha dado una comprensión más profunda de las formas en que los introvertidos son diferentes, desde sus genes hasta sus cerebros y sus niveles de felicidad.

La introversión no es una desventaja ni una ventaja. Es un ingrediente necesario vital para las innovaciones sociales, económicas y políticas del mundo. La introversión ofrece racionalidad como antídoto contra la imprudencia de la pasión y promueve la humildad donde el ego prevalecería. No es la solución, ni es el problema. No debe ser abusado o erradicado.

Los introvertidos aportan cualidades que ofrecen un

equilibrio social muy necesario. Sin introvertidos, es posible que no tengamos literatura o arte. Sin introvertidos, es posible que no tengamos invención e innovación. Sin introvertidos, es posible que no tengamos soluciones a problemas analíticos. Sin introvertidos, es posible que no tengamos avances tecnológicos y exploración científica.

¿Debes adaptarte a situaciones sociales específicas? Quizás. Ciertamente podrías beneficiarte de ser más extrovertido bajo ciertas circunstancias, pero nunca deberías renunciar a la esencia de lo que te hace especial y único, porque a pesar de que la sociedad pueda premiar rasgos extrovertidos, es gracias a los introvertidos como tú que se han producido los mayores avances en casi cualquier tipo de área.

Dado todo lo que hemos discutido en este libro, alguien podría pensar que el futuro de los introvertidos en un mundo cada vez más extrovertido sería sombrío. Sin embargo, la cantidad de personas exitosas y de alto rendimiento consideradas introvertidas es asombrosa. La tecnología ha evolucionado hasta el punto de facilitar el éxito de cualquier persona. El uso generalizado de internet ha allanado el camino para crear formas menos confrontacionales de comercio, trabajo a distancia y, en general, ha creado un nuevo sistema de economía. Todas estas nuevas posibilidades juegan con las fortalezas introvertidas como la independencia, la automotivación y el enfoque.

Ser un introvertido en ningún caso es un obstáculo para la creatividad o para el éxito. Si bien nuestro mundo está cada vez más conectado, siempre habrá una necesidad de pensadores profundos, creativos, visionarios y líderes que reaccionen no por impulso sino desde una posición de consideración y comprensión. Y con la mayor atención prestada en los últimos años a la condición de introversión, el aprecio público hacia los introvertidos y sus cualidades únicas está en su punto más alto y sigue en aumento.

Puede que no seas capaz de cambiar tu esencia de introvertido, pero con la lectura de este libro has ganando una comprensión de tu propio patrón único de comportamiento y pensamiento, lo que te hará más feliz que lo que cualquier cambio externo podría lograr.

ACERCA DEL AUTOR

Steve Allen es un pseudónimo que comencé a utilizar cuando empecé a escribir sobre mi vida en mi blog personal a modo de terapia. Lo hice así porque quería mantener un velo de anonimato, y prefiero mantenerlo de esa manera. Quizás nos hayamos cruzado en la calle o incluso nos conozcamos personalmente, y eso me emociona enormemente. Siempre he escrito sobre las herramientas y técnicas que he utilizado personalmente para lograr el tipo de éxito que he deseado en mi propia vida y es lo que comparto en mis libros.

Me he dedicado por más de 12 años a la observación del comportamiento humano y he encontrado que de todas las cualidades que caracterizan a la persona de éxito, la más importante son sus patrones de pensamiento y su actitud. Prestigiosas instituciones como la Universidad de Harvard, la Fundación Carnegie y Stanford Research Institute han demostrado que solo un 15% de las razones por las cuales una persona triunfa en su vida personal y profesional tienen que ver con sus habilidades técnicas y sus conocimientos profesionales, mientras que el otro 85% tiene que ver con sus patrones de pensamiento, su nivel de motivación y su capacidad para ponerse en acción. Y eso es precisamente lo que enseño.

Algunos dirán que hablar de desarrollo personal es vender humo, y más aún usando un pseudónimo, pero permíteme asegurar que todo lo que comparto contigo me ha llevado de ser una persona solitaria viviendo en la casa de mis padres, a vivir en medio de la naturaleza, en un verdadero paraíso en la tierra, con la mujer de mis sueños, con una vida social agradable y con una situación financiera tal que no tengo que levantarme cada mañana a trabajar para otra persona. ¿Dejaré de hacer lo que me ha traído todas estas cosas y de ayudar a los miles de lectores que me siguen porque alguien que piensa que tiene un intelecto superior trata de mostrar lo equivocado que estoy al no usar mi nombre real? Yo creo que no.

Aclarado ese punto, quiero que sepas que llegaste a mis libros por un motivo, y es que el universo te quiere dar un empujón para despertarte a tu verdadero potencial, para liberarte y para entrar espectacularmente en tu vida. En mis trabajos comparto mis estrategias de pensamiento para que puedas comenzar a desarrollar desde ese preciso momento una actitud mental que te llevará al éxito, así que te invito a tomar asiento en primera fila como mi invitado de honor mientras te guío a través de este viaje de descubrimiento sobre tus pensamientos, tu actitud mental y el éxito.

Nos vemos pronto!

Printed in Great Britain
by Amazon